공존을 위한
또하나의
선택

비노조경영에 대한 비판적 통찰

공존을 위한 또 하나의 선택

초판 1쇄 인쇄 2011년 6월 9일
초판 1쇄 발행 2011년 6월 16일

지은이   신은종
펴낸이   신민식

책임편집   김미란
편집   황남상 · 경정은
디자인   임송희
마케팅   곽철식 · 이재원 · 이효정
경영지원   임우열

펴낸곳   가디언
출판등록   2010년 4월 27일
주소   서울시 마포구 서교동 394-66 동우빌딩 3층
전화   02-332-4103(마케팅) 02-332-4104(편집실)
팩스   02-332-4111
전자우편   gadian7@naver.com   블로그 http://blog.naver.com/gadian7
인쇄 · 제본   (주) 상지사P&B   출력   경운출력   종이 월드페이퍼(주)

ISBN 978-89-94909-15-8 03320

* 책값은 뒤표지에 있습니다.
* 잘못된 책은 구입한 곳에서 바꿔드립니다.
* 이 책의 전부 또는 일부 내용을 재사용하려면 사전에 가디언의 동의를 받아야 합니다.

공존을 위한 또하나의 선택

비노조경영에 대한 비판적 통찰

신은종 지음

가디언

경영, 또는 노사관계에 있어
'가까이 하기엔 너무 먼 당신'과 같은 존재가 둘이 있다.
그 하나는 노동조합이고 다른 하나는 비노조경영이다.

가까이 하기엔 왠지 불편한
비노조경영을 되짚어 보며

1980년대 유행한 노래 중 〈가까이 하기엔 너무 먼 당신〉이라는 애절한 곡이 있다(음이 높아서 나는 끝까지 따라 불러본 적이 한 번도 없는 어려운 곡이다). 이 노래의 가사는 가까이 할 수 없다는 건지, 가까이 하고 싶지 않다는 것인지 애매하다. 이미 멀리 있기에 당신은 포기한 존재라는 뜻 같기도 하고, 더는 멀리 달아날 수 없다는 절망이 담긴 것 같기도 한, 모순형용의 극치처럼 보인다. 해석하는 이에 따라 의미가 변화무쌍한 흘러간 노랫말을 꺼낸 이유는, 노사관계에도 이런 존재가 있기 때문이다.

하나는 노동조합이고, 다른 하나는 비노조경영이다.

가까이하기에 불편해진 노동조합

노동조합은 멀리 달아날 수 없지만 가까이 하기에는 왠지 불편한 존재라 할 수 있다. 역설이기도 하다. 자본주의 역사는 노동조합과 함께한 만큼 늘 우리 곁에 가까이 있었다. 노동조합은 오랫동안 노동자의 시민적 권리를 구현하는 실체로 기능해왔다. 자본과의 관계에서 열세에 놓일 수밖에 없는 노동자는 노동조합을 통해 자본의 부당한 침해로부터 자신을 보호할 수 있었다.

자본주의의 건강한 발전을 위해서도 노동조합은 역할을 톡톡히 했다. 1870년대 유럽의 경제공황을 시작으로 공황과 위기를 주기적으로 반복한 자본주의는, 노동조합이라는 안정장치를 통해 되살아나곤 했다. 미국의 경우가 대표적인 예다. 미국 노동조합이 합법적 지위를 얻게 된 시기가 대공황 시기와 일치하는 것은 우연이 아니다. 과잉공급으로 인한 공황을 극복하기 위해서는 수요를 늘려야 했고, 루즈벨트 정부는 서둘러 노동조합에 합법적 지위를 부여했다. 노동조합은 단체교섭을 통해 임금과 복지를 향상시켜 부족한 수요를 창출할 수 있기 때문이다. 노동조합은 충분한 수요가 창출되지 않고서는 재생산이 불가능한 자본주의를 살려내기 위해 동원된 구원투수라 해도 과언이 아니다. 물론 그동안 노동계급의 수많은 투쟁이 없었다면 이마저도 불가능했겠지만, 공황 극복의 역사가 보여주는 사실은 노동조합은 자본주의의 불가피한 불안정성을 보정하고 원활한 재생산을 보장하는 사회적 제도라는 점이다.

노동조합은 자본주의 사회의 근간을 지탱하는 중산층을 두텁게 만들기도 했다. 2차 세계전쟁 이후 20여 년간 지속된 황금기 동안, 노동조합은 단체교섭을 통해 노동자의 소득수준을 향상시킴으로써 중산층을 만들었다. 앨빈 토플러Alvin Toffler가 근대 산업사회를 발전시킨 제도로 학교, 병원, 기업과 함께 노동조합을 꼽은 이유가 여기에 있다.[1]

노동조합의 역할은 경제에만 국한되지 않는다. 나라의 형편이나 사정마다 다르지만, 대부분의 사회는 그 민주주의의 성숙을 노동조합에게 빚지고 있다. 군대만큼이나 통제가 극에 달했던 작업장에서 노동조합은 노동자의 참여와 민주주의를 실천하는 대표체였다. 일찍이 웹 부처가 주목한 것처럼, 노동조합은 산업민주주의의 담지자로서 자본주의의 질을 한 단계 높였다.[2] 생산의 주체인 노동자가 작업장에서 의사결정 과정에 참여해 자신의 의사를 표출할 수 있는 제도화된 통로, 그것이 노동조합의 본연적 기능 중 하나였다.

산업화의 역사와 함께해온 노동조합은, 이처럼 자본주의의 안정적 발전을 위한 보정자로서, 성숙한 민주주의의 촉진자로서, 산업민주주의의 담지자로서 그 역할을 성실히 수행했다. 노동조합의 발전으로 노동자는 자신의 대표체를 통해 단체교섭을 수행하며, 파업을 행할 수 있는 권리를 기본권으로 향유할 수 있게 됐다. 이를 헌법으로 보장하건 하위 법률에 규정하건, 그 존재형식과 상관없이 노동조합은 노동기본권을 구현하는 실체가 됐다. 이는 단지 노동자의 경제적 이익을 향상시키는 도구적 실체를 넘어 권리를 실현하는 규범적 실체로 발전했음을 의미한다.

그러나 1970년대의 시작과 함께 노동조합은 쇠락의 길로 접어든다. 두 차례의 석유 위기, 브레턴우즈 체제*의 붕괴 등은 자본주의를 또다시 위기로 밀어 넣었다. 포드주의Fordism에 기초한 대량생산체제가 붕괴되면서 노동조합도 흔들리기 시작했다. 경기침체가 장기화되면서 교섭다운 교섭도 없이 양보교섭concession bargaining을 받아들여야 했고 노동조합 조직률도 점차 하락하기 시작했다.

이러한 위기는 세계화라는 새로운 질서의 등장과 함께 더욱 심화돼 오늘에 이른다. 자본주의의 원조격인 영국의 경우, 1970년대의 노동조합 조직률은 49.7%에 달했지만, 1980년대를 거치면서 하락하기 시작해 2007년에는 절반에도 못 미쳤다(22.8%). 미국이나 일본도 상황은 마찬가지다. 1970년대 미국과 일본의 노동조합 조직률은 30%와 35.1%에 달하지만, 2007년에는 각각 11.4%와 18.5%로 크게 떨어졌다. 더 큰 문제는 노동조합 조직률이 회복될 기미조차 보이지 않는다는 사실이다. 미국 노총 전 위원장인 존 스와니John Sweeney는 '조직하지 않으면 죽음이다organize or perish'를 캐치프레이즈로 내걸고 조직 확대에 많은 자원을 투자

---

* Bretton woods system, 미국 달러를 주거래통화로 삼고 고정환율제를 골격으로 하는 2차 세계대전 이후의 국제금융 질서를 말한다. 미국 달러만이 금과 일정한 비율로 바꿀 수 있고, 각국 통화 가치는 미국 달러와 비율을 정하는 체제다.

했으나 미국의 노동조합 조직률은 아직까지도 제자리걸음이다.

노동조합의 추락은 어디에서 비롯된 것일까? 노동조합이 거역할 수 없는 외부환경의 변화 탓도 적지 않다. 예를 들어 전통적으로 노동조합이 잘 발달돼 있던 제조업이 점차 쇠퇴하고, 노동조합과는 그다지 친하지 않은 IT 산업, 금융 산업, 서비스 산업의 발전이 조직률 위기를 불러왔다. 그러나 이러한 외적 요소만으로 지금의 노동조합의 위기를 설명하기에는 부족함이 크다.

위기는 늘 내부에서 잉태되고 자라나는 것처럼, 나는 노동조합의 초라한 성적표가 노동조합의 내부에서 비롯됐다고 본다. 고도성장이 지속되던 황금기에 노동조합은 쉬운 교섭으로 많은 잉여를 분배받는 데 익숙해졌고, 그만큼 투쟁성도 떨어졌다. 노동조합은 점차 관료화되기 시작했다. 관료화는 반드시 비非민주주의와 부패를 낳는다. 노동조합 관료들은 조합원들의 요구를 대변하는 데 무능했고, 조합원은 작업장뿐만 아니라 자신의 대표체로부터도 소외되는 '이중의 소외'에 내몰렸다. 작업장에서의 소외는 극단적인 테일러주의**의 탓이 크고, 대표체로부터의 소외는 노동조합 내부에 민주주의가 결여된 때문이다.

노동조합의 부패는 관료화에서 비롯된 실패다. 미국 노동조합은 늘 부패로 골머리를 앓고 있고, 우리나라 노동조합도 다를 바

** taylorism system, 프레드릭 테일러Frederick W. Taylor가 고안한 작업 방식. 구상과 실행을 분리하고, 실행 과정을 단순화, 표준화, 전문화의 원리에 따라 재구조화함으로써 노동의 탈숙련화와 소외를 심화시켰다.

없다. 한국 민주노동조합운동은 노동자의 근로조건을 개선하고 작업장 민주주의를 성숙시켰으며, 사회의 민주화를 이끌어내는 동력이 됐지만, 지금 모습은 매우 실망스럽다. 조합원의 경제적 이익에 매몰되어 전체 노동운동의 대의를 잊기 일쑤고, 사내하청 노동자나 비정규직 노동자를 철저히 외면하는 배타적 조직이 됐다. 사내하청 노동자에 대한 대기업의 부당한 착취 역시 노동조합의 묵인 아래 이뤄지고 있다는 비판 또한 부정하기 힘들다.

이것이 노동조합이 멀리할 수 없으나 가까이하기에 불편한 존재가 된 이유다. 노동조합을 멀리할 수 없음은, 노동조합은 노동기본권을 구현하는 실체이며 자본주의의 건강성을 담보하는 사회적 제도이기 때문이다. 반면 불편한 존재가 된 이유는, 노동기본권을 실현하거나 자본주의의 허점을 보정하는 데 무능을 드러냈을 뿐만 아니라 관료화의 덫에 빠져 잘못된 행태를 반복하기 때문이다.

왠지 꺼려지는 존재, 비노조경영

'비노조경영'은 가까이 있지만 왠지 꺼려지는 존재라 할 수 있다. 노동조합이 쇠락의 늪에 빠지는 동안 세계적으로 무노조사업장이 증가해왔으며,• '비노조경영'을 정책적으로 표방하는 기업

• 우리나라도 예외는 아니다. 한국노동연구원의 조사에 따르면, (무노조사업장에 대한 정확한 통계가 없어 추정치에 의존할 수밖에 없지만) 전체 사업장 중 노동조합이 없는 사업장은 59.5%로, 임금노동자 중 76.4%가 무노조사업장에서 일하고 있다(배규식, 노용진, 심상완,《무노조기업의 고용관계:노사협의회와 대안적 근로자대표기구를 중심으로》, 한국노동연구원, 2007). 반면, 노동조합이 있는 사업장에서 일하는 노동자의 비

도 늘고 있다. 그만큼 비노조경영은 가까이 와 있다. 그러나 왠지 꺼려진다. 무엇보다 노동조합의 가치를 부정하고 억압하는 경영으로 이해되기 때문이다. 실제로 비노조경영을 표방해온 기업들 중 대다수가 이러한 반노조주의 행태를 일삼아온 것은 사실이다.

　노동조합의 역사적 의미와 역할을 되새겨보면, 비노조경영에 대한 불편함은 더욱 커진다. 특히 산업화 과정에서 정부와 사용자의 권위주의적 통제를 받아오던 우리에게 노동조합은 그 의미가 남다르다. 권위주의 질서를 타파하고 민주화를 이루는 데, 우리는 많건 적건 노동조합에 빚지고 있기 때문이다. 노동조합이 잘못된 행태를 보이는 데도 이를 비판하는 데 많은 부담이 따르는 것 또한 이 때문이다. 이는 비노조경영을 '정당하지 못한 것'으로 여기게 하는 우리만의 역사적 배경이기도 하다.

　그러나 대표체로서 노동조합의 역할이 점점 축소되는데다가 우리에게 잘못된 행태마저 반복적으로 보여주는 상황에서 '노동조합 없는 경영'에 대한 현실적 요구는 부정하기 힘들다. 나아가 노동조합의 가치를 부정하지 않으면서, 기업이 먼저 노동자의 요구를 더 높은 수준으로 충족시키는 방식으로 비노조경영을 실천하는 것이 가능하다면 시도해볼 만하다. 실제로 현대의 많은 기업들은 구성원의 만족을 높이기 위해 자발적으로 투자하고 있다.

율은 22.2%로, 이들 중 절반가량이 노동조합에 가입해 있다. 2009년 현재 노동조합 조직률은 10.1%로, 전체 4,689개의 노동조합에 임금 노동자 중 164만여 명이 가입되어 있다.

참여 기회 제공, 역량개발, 동기부여, 나아가 노동자의 일과 삶의 균형을 꾀함으로써 행복한 일터를 만드는 데 노력하고 있다. 이는 노동조합 없이도 좋은 작업장을 만들 수 있는 가능성을 제시한다.

그 가능성을 찾는 일은 비노조경영의 개념을 새롭게 정의하는 데에서 시작돼야 한다. 그동안 비노조경영은 명확한 개념 없이 사용돼왔기에 '비노조경영이 정말 무엇을 의미하는지'가 명확하지 않았고 무노조경영이나 반노조경영과 동의어로 사용되기도 했다.[*] 앞서 말한 바와 같이, 비노조경영을 추구한다는 기업들 가운데 반노조주의 행태를 보이는 경우가 많은데, 이 또한 비노조경영의 개념을 제대로 정립하지 못한 데서 비롯된 결과다.

새롭게 정의돼야 하는 비노조경영은 반노조주의와 구별되는, 대안적 노사관계 전략으로서 보편성을 담아낼 수 있는 개념이어야 한다. 이로써 비노조경영은 구성원의 노동기본권을 적극적으로 긍정하는 사회적 정당성을 갖추고, 노동자의 일과 삶의 질을 향상시키며, 노사상생과 나아가 공동체 전체의 발전에 기여해야 한다. 비노조경영에 대한 새로운 개념을 세우지 못할 경우, 노동자는 추락하는 노동조합 앞에서 속수무책일 수밖에 없다. 나아가 잘못된 반노조주의가 확산돼 노사 모두 공멸의 나락으로 떨어질 수도 있다.

---

[*] 비노조와 반노조의 차이는 Chapter 1 참조.

비노조경영의 개념, 새로 쓰기

이 책은 비노조경영의 개념을 새롭게 정의함으로써 노사관계의 또 다른 대안으로써 가능성을 탐색하는 시도다. 이를 위해 나는 비노조경영의 개념을 '형성적 관점'에서 다루었다. 그리고 비노조경영이 '바람직한 하나의 선택지가 되기 위해 어떤 철학과 전략을 갖추어야 하는가'라는 문제제기를 바탕으로, 당위적이고 규범적인 개념을 새로이 형성하는 데 모든 지면을 할애했다.

이 작업은 노사관계의 바람직한 대안을 탐색하는 데 고민해야 할 선택지를 넓히는 일이기도 하다. 이는 '노동조합만이 유일한 선택지는 아니라는 사실'을 함축한다. 노동조합은 노동자의 이익을 대표하는 대표체로서 존중받아야 하지만 유일한 통로는 아니다. 노동조합이 아니면 안 된다는 식의 주장은 억지스럽다. 노동조합은 그 자체가 목적이 돼서는 안 된다. 노동조합은 노동자가 선택했을 때 비로소 노동기본권을 구현할 수 있는 기본권의 물화된 실체가 될 뿐이다. 지금처럼 노동조합이 그 영향력을 제대로 발휘하지 못하고, 시대적 소명마저 다하지 못한다면 노동조합 이외의 곳에서 대안을 찾아볼 필요가 있다. 비노조경영에 대한 논의는 노동조합을 잠시 내려놓은 채, 노사관계를 발전시킬 수 있는 대안을 경영에서 찾아보고자 하는 시도다.

서두에서 나는 노동조합과 비노조경영을 '가까이 하기엔 너무 먼 당신'이라는 노랫말에 비유했다. 이 모순형용에는 다음의 4가지 질문이 담겨 있다.

첫째, 노동조합으로부터 멀어지는 이유

둘째, 그런데도 노동조합을 떠날 수 없는 이유

셋째, 비노조경영이 가까워지는 이유

넷째, 그런데도 비노조경영이 꺼려지는 이유

이 질문들을 교차시켜 보면, 노동조합과 비노조경영이 어떻게 하면 노동자의 지지를 획득할 수 있는가에 대한 해법을 이끌어낼 수 있다. 이 질문은 노동조합과 비노조경영이 서로 대안으로서 경쟁할 것을 요구하기도 한다. 이는 노동조합과 비노조경영 모두에게 도전이 되며, 이로써 노동조합과 경영이 화해할 수 있는 어떠한 지점이 드러날 수도 있다.[*]

한 가지, 독자들에게 양해를 구할 것은 비노조경영이 노동조합주의와 다른 점을 설명하기 위한 '기계적'인 비교가 곳곳에 담겨 있다는 점이다. 엄밀히 말해, 노동조합주의와 비노조경영은 이론적으로 같은 차원에 있지 않으며, 대척점에 있는 대칭어도 아니다. 비노조경영의 범위는 노동조합이나 노사관계와 관련된 경영을 비롯한 인적자원관리 전반에 걸쳐 있으며, 노동조합주의와 대척점에 있는 반노조주의와도 구별된다. 그러므로 이를 하나씩 짝을 이뤄 비교하기에는 무리가 따른다. 그런데도 기계적인 비교전략을 택한 이유는 바람직한 비노조경영이 가져야 하는 철학과

---

[*] 이 가능성을 크게 염두에 두지는 않았지만, 책을 쓰는 동안 나보다 훌륭한 독자들이 그 가능성을 찾아낼 수 있을 거란 생각이 들었다.

전략을 좀 더 명확히 하기 위함이다.

고민거리들이 여전히 남아 있음에도 불구하고, 이를 하나의 책으로 번듯하게 묶어낸 가디언에 감사드린다. 내 부담스런 고민에 대해 조언을 아끼지 않은 많은 이들에게도 지면을 빌어 감사드린다. 바람직한 노사관계를 탐색하는 데 고민의 지평을 넓힐 수 있는 계기가 될 수 있었으면 하는 바람이 크다.

신은종

Beyond-Union Management
: An Alternative for New Employment Relations

Contents

PART 1

비노조경영의
개념과 철학

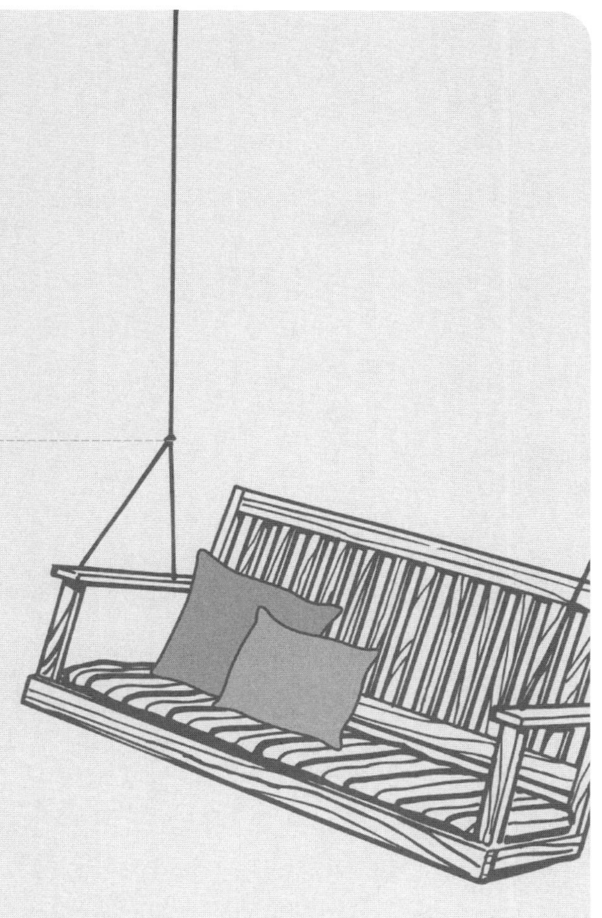

Chapter 1

비노조경영이란 무엇인가

비노조경영의 핵심지표 : 인재철학, 창의와 소통, 신의

비노조경영은 새롭게 정의돼야 한다. 이를 위해서는 그 철학과 전략을 명확히 해야 한다. 경영학은 철학과 전략의 학문이기 때문이다. 칸트의 형식을 빌린다면, 전략 없는 철학은 공허하고, 철학 없는 전략은 맹목일 뿐이다. 비노조경영도 마찬가지다. 새롭게 정의돼야 하는 비노조경영은 시대정신에 부합하는 철학과 이를 효과적으로 구현할 전략을 갖춰야 한다. 이 모두를 갖출 때, 비노조경영은 정당한 평가를 받을 수 있는 실험대에 오를 수 있으며, 경영현장에서도 올바른 실천전략을 이끌어낼 수 있다. 그렇다면 비노조경영은 어떻게 정의돼야 할까?

비노조경영이란 인재철학에 그 터를 잡고, 창의와 소통에 중점을 둔 전략적 인사관리를 통해 구성원들의 일과 삶의 질QWL, Quality

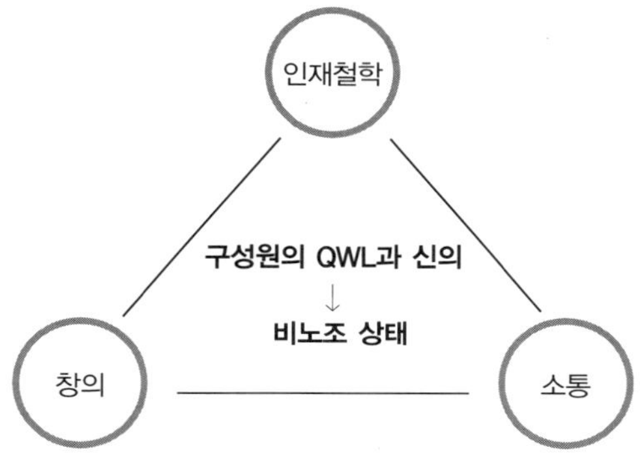

| 비노조경영의 개념 삼각형 |

of Work and Life, 구성원 간의 신의를 한 단계 더 높임으로써 비노조 상태를 지속시키는 노사관계관리활동이다. 이를 철학, 전략적 수단, 지향점, 결과 등 4가지 측면에서 풀어보면 다음과 같다.

첫째, 비노조경영의 철학은 인재철학에 기초한다.

둘째, 비노조경영의 전략적 수단은 창의와 소통에 초점을 둔 인적자원관리다.

셋째, 비노조경영의 지향점은 구성원의 일과 삶의 질을 한 단계 높이며 구성원 간의 신의를 회복하는 데 있다.

넷째, 비노조경영의 결과는 비노조 상태다. 비노조 상태란 노동조합에 대한 기대를 구성원 스스로 해소 또는 철회한 상태를 의미한다.

비노조경영에 대한 개념 삼각형을 만든다면, 상위 꼭짓점에는 '인재철학'이, 하위 꼭짓점에는 '창의'와 '소통'이라는 전략적 수단이 있다. 세 꼭짓점이 균형을 이뤄 만들어내는 면은 비노조경영이 궁극적으로 추구하는 구성원들의 향상된 일과 삶의 질, 구성원 간에 높아진 신의信義다. 그리고 양과 질에 따라 비노조 상태의 구현 정도가 결정된다.

비노조경영의 개념을 좀 더 명확히 하기 위해 그 개념을 이루는 4가지 지표를 자세히 들여다보자.

변화의 주체로 보는
인재철학

인재 vs 인간

비노조경영은 '인재철학'에 기반해야 한다. 인재철학은 현대 경영학에서 흔히 거론되는 '인간존중철학'과 구별된다. 인재철학은 '모든 인간은 잠재 역량을 갖는 인적자원'임을 전제한다. 이러한 역량 중심 인간관은 1980년대 이후 전략적 인적자원관리론에서 발전된 인간관과 유사하다. 즉, 인간은 평등한 인격체를 넘어 세상을 변화시키고 자아를 실현할 수 있는 역량을 갖춘 자원으로서의 존재다. 모방이 불가능하며 쉽게 대체하기 어렵고 그 자체로 희소성을 갖는 자원으로서의 인간이다.[3] 반면, 인간존중철학은 인간을 절대 불가침의 인격을 가진 존재로 본다. 다시 말해, 인간은 그 자체로 평등하며 타인으로부터 침해돼서는 안 되는 절대적

인격을 가진다.

인간존중철학이 인격을 가진 평등한 존재로서 인간을 중시하는 휴머니즘에 기초한다면, 인재철학은 휴머니즘을 스스로 구현할 수 있는 역량을 중시한다. 이렇듯 인간관에 대한 차이로 인간존중철학과 인재철학은 각기 접근방법이 다르다. 인간존중철학은 인격체로서의 절대적 존중을 중요시하므로 구성원의 인격 침해를 배제하는 데 초점을 두는 반면, 인재철학은 인간의 고유한 잠재역량에 대한 투자를 통해 자신과 세상을 변화시키는 주체로 발전시키는 데 더 많은 관심을 갖는다.

공정 vs 공평

인재철학은 공정equity의 원리를 중시한다. 공정의 원리는 기회의 평등을 강조하지만, 결과의 평등까지 보장하지는 않는다. 오히려 결과의 차이를 합리적으로 보며 적극적으로 긍정한다. 합리적인 차이란 주어진 기회에서 기여한 몫에 따라 나타난 보상의 차등을 의미하며, 공정의 원리는 이를 불합리한 차별로 보지 않는다. 반면, 인간존중철학은 공평equality의 원리를 중시한다. 공평의 원리는 결과의 평등을 추구하므로, 결과의 차이는 언제나 불합리한 차별로 인식된다. 경영에서 결과의 평등을 실현하기란 실제로 곤란한 일이므로 공평의 원리가 적용될 수 있는 범위는 매우 제한된다. 결국, 구성원의 인격에 대한 부당한 침해를 배제하는 정도에 그친다.

공정의 원리가 정당성을 부여받기 위해서는 구성원들에게 기회가 공평하게 부여돼야 한다. 뿐만 아니라 구성원들이 그 기회를 실현할 수 있는 역량을 갖추도록 투자해야 한다. 정당한 기회를 부여하지 않은 채 결과만으로 차별하는 것은 공정의 원리에 부합하지 않는다. 또한, 기회를 공평하게 부여한다 해도 이를 실현하는 역량을 개발하는 데 투자하지 않는다면, 마찬가지로 공정이라는 가치로부터 벗어난다.

공평한 기회 부여와 역량 투자는 구성원들이 합리적 차이를 자발적으로 받아들이는 기반이 되며, 차이를 차별로 오해하지 않는 길이다. 합리적 차이는 자기계발을 위한 원동력이 된다는 점에서 공정의 원리는 공평의 원리보다 실천 지향적이다. 기여한 바가 다름에도 불구하고 결과에서 정당하게 차이가 드러나지 않는다면 기여하고자 하는 자발적 열망은 줄어들 수밖에 없다. 따라서 비노조경영은 구성원이 성장에 기여할 수 있는 기회를 제공하고 이를 실현하는 역량을 개발하는 데 선제적으로 투자함으로써 결과의 차이를 긍정하는 공정의 원리를 올바르게 실현할 수 있어야 한다.

기업 성공의 동력,
창의와 소통

창의, 인재철학을 완성하는 요소

비노조경영은 구성원의 창의를 온전히 발현할 수 있도록 투자해야 한다. 창의를 발현할 때 구성원은 비로소 일에서 재미와 의미를 발견하며, 일에 몰입할 수 있고, 행복감을 느낀다. 이는 구성원들의 일과 삶의 질을 향상시키는 데 필수적이다. 이처럼 창의는 비노조경영의 궁극적 목표를 달성하는 핵심요소다.

창의는 비노조경영의 역량 중심 인간관을 완성하는 요소이기도 하다. 구성원은 저마다 고유한 역량을 갖는다. 그 역량 중 가장 중요한 것은 창의다. 창의적 인재는 일에 대해 스스로 의미를 부여하고, 창의적 방법으로 수행하며, 결과에 대해 스스로 책임진다. 이는 오스트리아 태생의 미국 경제학자 슘페터Schumpeter가 말한 기업가의 개념과 유사하다. 슘페터는 기업가를 "창의적 기능을 수행하고, 성공의 결과가 아니라 성공을 위해 행동하며, 자신만의 영역을 구축하고자 하는 의지를 가진 사람"[4]으로 정의하고 있다. 기업가로 번역되는 '앙트레프레너entrepreneur'는 무언가를 만들고 일으킨다는 데 어원을 두고 있다. 이점에서 창의적 인재는 창의를 바탕으로 의미 있는 무언가를 만들고 일으킨다. 비노조경영은 구성원을 이러한 창의적 역량을 갖춘 인재로 성장시키는 데 투자해야 한다.

창의는 현대경영에서 기업의 경쟁력을 결정하는 요소이기도 하다. 슘페터는 창의를 창조적 파괴를 만들어내는 힘으로 보았다. 창조적 파괴는 불확실한 시장에서 블루오션을 창출하는 핵심 요소다. 또한 슘페터는 자본주의를 발전시키는 내적인 동력을 창의로 보았다. 실제로 기업은 구성원들의 창의력을 기반으로 성장해왔고, 기업은 창의적 혁신을 통해 자본주의를 발전시켰다. 하루가 다르게 심화되는 경쟁 속에서 기업의 꾸준한 성장은 혁신의 정도에 달려 있다. 미국의 경영학자인 피터 드러커Peter Drucker는 고객 창출을 위해 끊임없는 혁신을 주문했다. 경영은 혁신의 연속이다. 끊임없이 제품과 서비스의 고부가가치화, 프로세스의 최적화, 자율과 효율에 기초한 구조의 재구성, 정보인프라의 활용도를 높여나가는 것이 혁신의 핵심이다.

혁신의 중요성은 아무리 강조해도 지나침이 없다. 문제는 "혁신의 습관화를 어떻게 이룰 수 있는가"다. 이는 창의를 기업문화로 발전시킴으로써 가능해진다. 문화를 구성원들의 유형화된 행위양식이라고 정의한다면, 창의적 문화란 끊임없이 새롭게 생각하는 습관이 지속되는 상태를 말하는 것이다. 창의 문화를 창출하기 위해서는 자율 확대, 동기부여, 권한위임, 영감 주기 등 구성원에 대한 적극적인 투자가 필요하다.

소통, 그 특별한 의미

창의와 함께 비노조경영의 전략적 수단을 이루는 핵심요소는 소통이다. 소통은 공유를 의미하는 라틴어의 'communis'에서 유래했다. 정보뿐만 아니라 의견, 가치, 신념, 감정을 공유하는 것이 소통의 핵심이다. 우리말의 소통은 본래 막힌 것을 뚫는다는 의미다. 즉, 뜻이 통해 오해가 없는 상태를 이루는 것이 소통의 목표다.

경영을 소통의 관점에서 정의한다면 자원들의 흐름을 막힘없이 하여 뜻을 통하게 하는 활동이다. 뜻을 통하게 하는 상태란 경영이 지향하는 목표를 달성하거나 추구해가는 과정이다. 물적 자원의 소통은 잘 발달된 시스템으로 달성할 수 있다. 생산 과정의 원활한 흐름은 생산 시스템의 최적화를 통해, 돈의 원활한 흐름은 재무 시스템의 선진화를 통해 이룰 수 있다.

인적자원 측면에서 보자면, 소통의 문제는 한층 복잡해진다. 서로 다른 가치와 경험과 행위방식과 신념 등이 복잡하게 얽혀있어 막힌 것을 뚫어내는 과정이 녹록찮다. 그 곤란함이 클수록 상대적 가치가 높아진다고 할 때, 현대 경영의 경쟁력은 구성원 간의 '질 높은 소통'을 할 수 있는가에 달려 있다고 해도 과언이 아니다. 소통의 목적은 소극적으로는 불만과 고충에 대한 자신의 의견, 느낌, 감정 등을 표출하고, 적극적으로는 경영과 관련된 의사결정 과정에 참여함으로써 자신의 목소리를 내는 일이다. 불만은 일에서 의미와 재미를 발견하는 데 걸림돌이 되며, 소통되지 않은 상태는 창의 발현을 억제한다. 이러한 점에서 소통은 창의가 제대로 그 모습을 드러내게 하는 조건이기도 하다.

소통은 소극적 의미에 머물지 않는다. 더욱 적극적으로 경영과 관련된 중요한 의사결정 과정에 참여할 수 있게 함으로써 자신과 경영을 공유하게 한다. 다시 말해 구성원 각각의 창의성을 개인의 것으로만 묶어두지 않고 조직 차원의 지知로 끌어올리는 과정이다. 이를 통해 구성원 간에 협업이 가능해지고 신의를 높이는 데 기여한다.

비노조경영의 개념을 정립하는 데 소통은 더욱 특별하다. 비노조경영이 경쟁해야 하는 노동조합은 오랫동안 진화해온 가장 전통적인 집합적 소통체계이기 때문이다. 리처드 프리만Richard B. Freeman과 제임스 메도프James L. Medoff의 전통적 연구[5]를 예로 들지 않아도 노동조합의 가장 큰 기능은 소통의 매개라는 점이며, 노동조합은 이 역할을 통해 노동자의 대표체로 성장할 수 있었다.

노사관계가 200년의 역사를 통해 주는 교훈은 노동자의 행복이 소통에 의존한다는 사실이다. 소통은 막힌 것을 뚫는 과정이므로, 불만으로 막힌 곳이 있다면 이를 해소한다. 그러므로 노동자를 만족시키는 중요한 요소다. 나아가 작업장의 많은 문제(모든 문제라고 해도 과언이 아니다)는 불통不通에서 비롯된다. 일의 배분, 성과에 대한 평가, 정당하지 못한 보상 기준 등 여러 작업 과정에서 불통은 갈등으로 이어지고, 갈등은 혼란을 낳는 악순환으로 이어진다. 이를 해소하는 대표체로서 노동조합은 노동자의 생존을 보호할 뿐만 아니라, 작업장 내의 민주주의를 통해 노동자를 참여의 주체로 내세우는 데 크게 공헌했다. 따라서 새로이 쓰는 비노조경영의 개념은 노동자의 행복을 결정하는 요소인 소통에 대해 수준 높은 대안을 품고 있어야 한다. 노동조합이 제공하는 소통이라는 상품을 초월해 노동자의 가치를 더 높은 수준에서 실현하는, 비노조경영의 철학에 걸맞은 '소통 상품'을 내놓아야 한다.

한편, 많은 경영자들은 집합적 소통을 중시하는 노동조합과 달리 개별적 소통을 더 중시하는 경향이 있다. 개별 구성원들의 고충, 불만, 의견을 관리자와 직접적으로 소통해 해결해왔기 때문이다. 그러나 집합적 소통의 중요성을 간과해서는 안 된다. 개별적 소통은 작업장에서 일어나는 일상적인 문제를 효율적으로 해결하는 장점이 있지만, 경영자와 구성원 간의 신의의 정도에 따라 소통의 질이 떨어질 수 있기 때문이다. 무엇보다 전략적이고 거시적인 문제를 함께 논의하기에는 매우 부족하다. 따라서 비노조경영은 작업장의 문제뿐만 아니라 전략적이고 거시적인 경영에 대해 논의할 수 있는 집합적 소통 포럼을 발전시켜 구성원들의 소통 요구를 한 단계 높은 차원에서 구현해야 한다.

일과 삶의 질 그리고 신의

구성원은 언제 행복을 느끼는가

비노조경영의 목표는 수준 높은 일과 삶의 질QWL을 달성함으로써 행복한 일터를 만드는 데 있다. QWL은 단순히 높은 임금이나 안정된 고용을 보장하는 데 그치지 않는다. 고임금과 고용안정은 근로조건의 질을 결정하는 필요조건이지만, 구성원의 창의를 발현시키고 질 높은 소통을 이루는 충분조건은 아니다. 임금과 고용안정을 넘어 자아를 실현할 수 있는 '행복한 일터'를 만들 때 비로소 창의와 소통, 신의가 튼튼해진다.

행복한 일터란 무엇일까? 늘 고용불안에 휩싸여 있거나 노동의 정당한 대가가 보장되지 않는 일터에서 구성원들은 행복을 찾지 못한다. 그러므로 높은 임금이나 안정된 고용은 행복한 일터의 첫째가는 요소다. 그러나 이것으로 충분하지 않다. 구성원은 언제 행복을 느끼는가? 기업의 역량 있는 파트너로서 인정받을 때다. 구성원에 대한 존중, 즉 역량 있는 인재로 경영의 주체이자 파트너로서 존중되지 않고서는 일터는 늘 불만 가득한 작업장이 되고 만다.

인재철학은 투자의 철학이다. 구성원 모두를 역량 있는 자산으로 가정할 때, 먼저 투자하는 관행이 이루어진다. 자산이란 투자가 이뤄질 때 비로소 가치를 드러내기 때문이다. 무엇보다 중요한 것은, 투자가 이뤄진다면 자산은 언제나 더 큰 보상을 보장한다는 점이다. 그러므로 구성원들이 역량을 발휘하도록 하기 위해 기업은 '먼저, 충분히' 투자하는 경영 관행을 정착시켜야 한다.

창의와 소통도 행복한 일터의 핵심요소다. 앞서 설명한 바와 같이 창의는 구성원들이 일에서 재미와 의미를 느끼게 한다. 창의성을 발휘할 수 있는 기회가 부여되지 않는 일터는 행복한 일터와 거리가 멀다. 소통도 마찬가지다. 상사와 부하 간의 불통, 동료 간의 불통, 외부와의 불통은 구성원들을 고립된 섬에 가둔다. 불통을 거두고 소통함으로써 구성원들이 스스로 새로운 가치를 발견하게 하고, 구성원들에게 자아와 조직이 함께 성장할 수 있는 확신을 부여할 때 행복한 일터가 될 것이다.

행복한 일터는 일과 삶을 화해시키는 작업장이어야 한다. 일과 삶은 대척점에 놓여 있다. 어느 하나를 강조하면 다른 하나가 척박해지고 만다. 비노조경영의 또 다른 목표는 일과 삶의 불화를 극복하는 데 있다. 일을 통해 삶을 윤택하게 하되, 윤택한 삶이 다시 일의 질을 높이는 선순환을 이뤄낼 수 있도록 일과 삶의 균형을 달성해야 한다. 비노조경영은 이를 선택적 가치가 아닌 당위적 가치로 받아들여야 한다.

인재철학이 바로 서고 창의와 소통을 통해 그 철학이 제대로 구현된다면, 그리하여 일과 삶이 어우러진 행복한 일터가 만들어진다면, 구성원들은 비노조경영의 비전에 대해 확신하게 될 것이다. 이것이 올바른 비노조경영이 추구해야 하는 궁극적인 지향점이다.

신뢰를 넘어 신의로

비노조경영이 이뤄내고자 하는 일터에서의 인간관계는 신의가 기반이 된다. 신의는 인간관계의 질을 나타내는 중요한 척도다. 나는 흔히 말하는 신뢰信賴를 불신한다. '거래'의 의미가 짙게 배어 있기 때문이다.

비노조경영은 신뢰를 넘어 신의를 이끌어내야 한다. 시오노 나나미鹽野七生의 로마사 고찰 속에는 파트리키와 클리엔테스의 관계가 잘 담겨 있다.[6] 영어의 후원자를 뜻하는 페이트런patron과 의뢰인을 뜻하는 클라이언트client의 어원이 된 두 단어는 고대 로마시대의 인간관계를 엮는 네트워크다. 여기에 신의의 본질을 이해하는 데 값진 힌트가 있다.

고대 로마는 왕정시절에도 왕을 뽑는 시민회의, 왕을 자문하는 원로원 등 오늘날의 민주주의를 구성하는 요소들을 제도화했다.*

무엇보다 귀족과 평민의 계급 간 대립은 언제라도 작은 도시사회를 붕괴시킬 수 있는 근원으로 잠재해 있었다. 시오노 나나미가 관찰한 로마는, 아테네나 스파르타 같은 다른 도시국가와 달리 귀족 대 평민 간의 갈등이 격화되지 않은 유일한 국가다. 그 기반에는 계급을 엮는 파트리키**와 클리엔테스***의 문화가 자리 잡고 있었기 때문이다.

로마의 귀족은 넓은 농지 같은 재산만으로 유지될 수 있는 지위가 아니었다. 귀족다운 귀족이 되기 위해서는 파트리키로서 클리엔테스에게 돌봄을 제공해야 했고, 돌봄의 질이 높을수록 존경받는 귀족의 반열에 오를 수 있었다. 로마 귀족들은 매일 아침 한두 시간씩 클리엔테스의 고충을 들어주는 데 할애했다고 시오노 나나미는 전한다. 파트리키로서 귀족은 취직, 혼인중매, 소송문제, 빚 청산 등 평민들의 온갖 고충을 상담하고 해결하는 조언자 역할을 했다. 이는 〈십이동판법〉에 명시돼 있는데, 귀족에 대한 사회적 책임을 부여하는 당시 로마의 시대정신을 반영한다. 반면, 귀족들의 보호에 대해 평민인 클리엔테스는 다양한 형태로 보답했다. 자신의 파트리키가 공직에 입후보할 때는 시민으로서

---

* 로마식 왕정, 그 이후의 공화정과 제정에 이 요소들은 비중만 다를 뿐 늘 혼재해 있었다.

** patrici, 고대 로마시대의 인간관계를 나타내는 명칭으로, 지방의 유력자, 후원자, 보호자를 뜻한다. 한마디로 그 당시 지역의 유력한 귀족을 나타내는 말로, 많은 클리엔테스를 거느린다. 유명한 명장 폼페이우스, 율리우스 카이사르 등도 파트리키였다. 로마시민, 해방노예, 노예 등이 있는 시대에서 파트리키와 클리엔테스는 서로 돕고 지지하는 관계에 속해 있었다.

*** clientes, 고대 로마에서, 귀족에게 예속되어 있던 신분. 귀족의 보호를 받는 대가로 여러 가지 봉사 의무를 지었다.

한 표를 행사했고, 전쟁이 일어나면 자진해서 병사가 되기도 했다. 시오노 나나미는 이러한 파트리키-클리엔테스의 관계를 거래적 관계로 보는 것에 반대한다. 오히려 신의로 묶인 연대임을 강조한다.

신의로 묶인 연대는 흔히 말하는 신뢰와는 다르다. 나는 항상 신뢰의 어원이 어디에 있을까 궁금해했다. 아직까지 어원을 찾지는 못했지만, 신뢰Trust는 본질적으로 거래적 성격을 띤다고 본다. 우연일지 모르나 거래를 나타내는 많은 단어들이 'Tr'로 시작한다. 무역을 뜻하는 트레이드Trade, 매매를 뜻하는 트랜잭션Transaction 등이 그렇다.●

신뢰의 사전적 의미는 굳게 믿고 의지함이다. 한자 賴(뢰)는 의뢰하다, 힘입다, 의지하다, 얻다 등의 의미가 있으나 이외에도 '억지를 부리다', '책망하다', '탓하다', '전가하다', '발뺌하다'라는 뜻도 있다. 賴를 구성하는 본자本字는 뜻 부분인 조개패貝와 음音 부분인 剌(랄→뢰)로 이루어져 있다. 貝는 패물 같은 재산을 의미하고, 음 부분인 剌은 남을 말려들게 한다는 뜻으로 쓰인다.

본자의 의미로 되새겨보면, 신뢰는 貝와 같은 물질적 이득을 매개로 하는 거래적 의미가 강하다. 이는 아주 오래전부터 신뢰를 쌓는 데 거래를 통한 방법을 가장 많이 사용해왔다는 데서도

● 이럴 땐, 내가 언어학자가 아니라는 게 참 다행스럽다. 수많은 라틴어나 희랍어의 어원을 잘 몰라도 에둘러 댈 수 있으니 말이다. 독자들 중 Trust의 어원을 알고 있다면 내게 가르쳐주길 바란다.

알 수 있다. 거래적 신뢰란 무언가를 주고받음으로써 생긴 상대에 대한 믿음이다. 그 믿음의 기초는 거래된 무엇이고, 믿음의 정도는 얼마나 자주 거래됐는가로 결정된다. 그러므로 거래가 끊기면 신뢰는 쉽게 무너진다. 본자의 賴가 갖고 있는 부정적 의미(전가하다, 책망하다, 발뺌하다 등)가 여기서 드러나는지도 모른다. 이런 까닭에 신뢰의 또 다른 속성은 한 번 무너지면 쉽게 회복하기 어렵다는 점이다. 신뢰가 무너진 뒤에는 새롭게 거래를 시작해도 웬만해서는 예전만큼 회복하기 힘들다.

신의란 믿음과 의리를 아우르는 말이다. 의리란 사람으로서 마땅히 지켜야 할 도리를 뜻한다. 따라서 사람들 사이에서 '옳은 것'과 '이치나 도리'에 대한 믿음이 공유될 때 신의가 발생한다. 이렇듯 신의의 중심에는 옳은 이치가 자리하고 있기 때문에 거래적 속성이 강한 신뢰와 구별된다. 신의가 형성되기 위해서는 '의義'와 '리理'가 공유돼야 한다. 옳음과 도리를 공유하면 신의를 유지·발전시킬 수 있으며, 이는 거대한 사회적 자본을 형성한다. 사회적 자본은 미국 하버드대 교수 로버트 퍼트넘Robert Putnam이 강조하듯, 규범에 대한 동의를 핵심요소로 한다.[7] 그 규범이 옳은 어떤 것으로 공유되고 지지되면, 이는 물적 자본보다 더 큰 힘을 발휘한다.

[**] 물론 신뢰나 네트워크 등 거래비용을 최소화하는 관계적 자본이 모두 포함돼 있기는 하지만, 주목해야 할 요소는 규범이다.

라비에누스보다 케이사르

루비콘 강은 시저에게 운명을 가르는 물결이었다. 플라톤의 레테의 강처럼 모든 것을 망각할 수 있는, 아니 자신의 삶에 대한 파괴를 강요하는 강이다. "주사위는 던져졌다"라는 시저의 되돌릴 수 없는 결심은 이를 잘 반영한다. 루비콘 강을 건너 성공하면 그가 꿈꾸는 보편제국으로서 또 하나의 로마를 창조하는 역사를 이룰 수 있지만, 실패하면 죽임을 당하는 것은 물론, 지배자가 쓴 역사 속에 파렴치한 반역자로 이름이 남겨질 것이 분명하기 때문이다.

신제국의 창조와 반역의 사이에서 갈등하던 시저는 던져진 주사위에 운명을 내맡기고 루비콘 강을 건넜다. 13군단의 병사들도 시저를 따라 모두 강을 건넜다. 단 한 명의 예외는 시저의 부관 라비에누스Labienus였다. 시저가 갈리아를 제패할 때도 그 자신도 감당할 수 없는 임무를 맡길 만큼 라비에누스는 시저의 심복이었다. 심복은 소중한 사람은 마음에 품는 것이 아니라 배에 품는다고 할 만큼 그 뜻이 깊다. 라비에누스는 그에 걸맞을 정도로 시저의 신뢰를 얻었다. 그러나 라비에누스는 시저의 신뢰의 저버리고 만다. 왜 그랬을까?

시오노 나나미는 클리엔테스로서 신의를 다하고자 하는 라비에누스의 고뇌를 속 깊게 읽어낸다. 라비에누스는 과거 시저의 적인 폼페이우스Pompeius의 클리엔테스였다. 그는 폼페이우스의 영지에 속한 평민으로 조상대대로 보호를 받아왔다. 루비콘 역사의 전날 밤, 폼페이우스는 라비에누스에게 사자를 보내 루비콘 강을 건너지 말 것을 설득했고, 그는 오랜 고민 끝에 클리엔테스로서 신의를 선택했다.

더 멋진 사실은 라비에누스의 결정을 시저도 진심으로 존중했다는 점이다. 시저는 그의 결단을 비난하지 않았다. 루비콘 강을 건너기 전날 밤 몰래 시저 진영을 탈출한 라비에누스의 짐을 나중에 챙겨서 보내줄 정도였다고 한다. 시저는 자신도 같은 처지였다면 라비에누스처럼 행동했을 것이라 생각했는지 모른다. 이들에게도 옳은 이치에 대한 공유가 있었기에 귀족과 평민의 적대적 관계였음에도 불구하고 시저와 라비에누스는 단단한 신의로 묶일 수 있었다.

이와 마찬가지로 자본가와 노동자, 임원과 직원, 경영자와 종업원, 나아가 기업과 지역사회, 기업과 공동체의 관계도 신의로 묶일 때 더욱 단단한 공동체가 될 것이다. 비노조경영이 추구해야 하는 관계(상하 또는 동료 간 인간관계뿐만 아니라 기업 외부 관계까지 포함한다)는 이보다 더욱 깊은 신의의 관계다. 거래적 의미의 신뢰가 아닌 의와 리가 공유된 '신의'를 완성한다면, 비노조경영은 바람직한 경영으로 사회적 정당성을 획득할 것이다.

비노조의 새로운 개념

비노조경영은 결과적으로 비노조 상태를 만든다. 현재 비노조라는 개념은 반노조와 동의어로 사용되는 것이 일반적이다.[*] 그러나 비노조경영의 결과인 '비노조'는 반노조와 구별되는 개념으로 재정립돼야 한다.

반노조反勞組, anti-union 또는 반노조주의는 노동조합에 대한 반대와 억압을 의미한다. 즉, 노동조합을 독점체로서 비용만 발생시키는 불필요한 존재로 본다는 점에서 신자유주의적 관점과 일치한다. 미국에서는 유니온 프리union-free라는 용어가 더 많이 쓰이

---

[*] 일반적으로 무노조라는 용어가 많이 쓰인다. 무노조無勞組, non-union는 '노동조합이 없는 상태'를 의미하며, 가치가 개입돼 있지 않은 개념이다.

는데, 이 역시 반노조의 개념에 가깝다. 이를 주장하는 논의는 대부분 노동조합 인증선거certification election에서 노조를 패배시키는 방법이나 노동조합 진입을 사전에 차단하는 전략에 초점을 두고 있기 때문이다. 《Union-Free America》의 저자 로렌스 리차즈Lawrence Richards도 유니온 프리를 반노조와 동의어로 사용하고 있다. 따라서 유니온 프리는 '사용자의 억압에 의해 노동조합이 거부된 상태'를 의미한다.

반면, 비노조(또는 비노조주의)란 구성원의 욕구가 경영에 의해 충족됨에 따라 구성원 스스로 노동조합에 대한 필요를 느끼지 못하는 상태를 의미한다. 앞서 설명한 바와 같이, 비노조경영의 궁극적 목표는 구성원의 일과 삶의 질을 한 경지 높은 수준으로 향상시키는 데 있다. 그 결과 노동조합에 대한 구성원의 기대가 자연스럽게 해소된 것이 비노조 상태다.

이때 노동조합에 대한 기대가 소멸되는 것은 구성원이 자발적으로 선택한 결과다. 그러므로 '비노조 상태가 달성됐는가의 여부'를 판단하는 것도 경영진이 아닌 구성원들의 몫이다. 경영이 노동자의 필요와 욕구를 노동조합보다 훨씬 높은 수준으로 충족시킴으로써, 노동자 스스로 노동조합에 대한 기대를 철회했다면, 이를 실현하는 경영은 노동조합을 넘어서는beyond unionism 경영이라 할 수 있고, 초超노조경영 또는 탈脫, post노조경영이라 불러도 괜찮을 것이다.

진정한 의미의 '초월'은 그 대상을 부정해서는 달성할 수 없다.

따라서 비노조경영은 노동조합의 가치를 적극적으로 긍정해야 한다. 다시 말해, 노동조합은 노동자의 이익을 대변하는 자발적인 결사체이며, 구성원들은 노동조합을 선택할 자유가 있다는 사실을 인정해야 한다.

비노조경영은 노동조합과는 다른 방식으로 구성원의 일과 삶의 질을 높여나가고자 한다는 점에서 다를 뿐이다.[*] 따라서 비노조경영은 노동조합과 대안적 경쟁관계다. 노동조합이 단결을 통해 조합원의 다양한 욕구를 충족시키고자 한다면, 비노조경영은 창의와 소통에 중심을 둔 전략적 관리를 통해 구성원의 요구를 충족시키고자 한다.[**]

남은 문제는 '비노조경영과 노동조합 가운데 어느 쪽이 구성원(또는 노동자)의 요구와 기대를 더 잘 충족하는가'이다.[***] 구성원에 대한 구애 경쟁에서 어느 쪽이 이길지에 대해 속단할 수 없다. 건강한 노동조합주의도, 제대로 된 비노조경영도 아직까지는 발견되지 않았기 때문이다. 단지 이 경쟁의 주체인 비노조경영과 노동조합이 시대정신에 부합하고 구성원들의 행복을 증진할 수 있도록 철학과 개념을 새로이 해야 한다는 점은 확신할 수 있다.

---

[*] 반노조주의가 노동조합을 억압함으로써 노동조합이 없는 상태를 만들고자 한다면, 비노조경영은 구성원의 욕구를 충족시킴으로서 구성원 스스로 노동조합에 대한 기대를 철회하는 상태를 만든다는 점에서 반노조주의와 본질적으로 구별된다.

[**] 반노조경영은 노동조합의 가치를 부정하고 억압하는 전략을 취하므로 노동조합과는 파괴적 경쟁관계에 놓여 있다.

[***] 비노조의 개념은 노동조합이 있고 없음과는 무관한 개념이므로, 비노조경영을 추구하는 기업에도 노동조합이 존재할 수 있다. 다만, 비노조경영과 노동조합주의는 철학과 전략이 서로 다르므로 현실적으로 양자의 병존가능성이 얼마나 될지는 두고 봐야 할 문제다.

앞으로도 오랫동안 현재진행형일 수밖에 없는 이 경쟁에서 어느
쪽이 구성원들의 선택과 지지를 얻을 것인가는 주의 깊게 지켜봐
야 한다.

비노조경영에 대한 **학문적** 논의

비노조경영에 대한 학문적 논의는 미국이나 영국 등 다른 나라에서 이미 1980년대부터 활발히 진행됐다. 주로 무노조사업장의 인사관리정책의 특징에 초점을 두어 이뤄져왔는데, 전통적 연구는 폭스Foulkes의 1980년 연구다.[8] 폭스는 무노조사업장의 인사정책을 분석하고 철학적 접근, 정책적 회피, 블랙홀Black-hole 등으로 구분했다. 철학적 무노조경영은 인사정책에 대한 명확한 철학을 실천하는 경영이며, 이로 인한 무노조 상태는 경영의 목표가 아닌 인재경영의 부산물이다.

노동조합의 등장은 인재경영이 실패한 결과로 간주한다. 정책적 회피는 노동조합을 의도적으로 회피할 목적으로 다양한 인사정책을 실시하는 유형을 말한다. 블랙홀은 인사정책에 대한 철학도 없고, 이를 위한 실천도 부족한 사업장이다. 더욱 체계적인 연구는 게스트Guest와 호크Hoque에 의해 이뤄졌다. 이들의 연구는 과학적인 유형화와 경험적 근거를 제시하고 있다는 점에서 주목할 만하다. 게스트와 호크는 영국의 무노조사업장 81개에 대해 설문조사를 실시하고, 인적자원관리의 철학과 실천 여부를 기준으로 무노조주의를 좋은good 유형, 부족한ugly 유형, 운 좋은lucky 유형, 나쁜bad 유형 등 4가지로 구분했다. '좋은 유형'은 철학이 명확하고, 구체적으로 실천한다. 좋은 모습을 보이는 무노조주의라는 점에서 좋은 정책이라 불렀다. 부족한 유형은 철학은 있으나 이에 대한 실천이 부족하다. 운 좋은 유형은 철학은 없지만 상당한 수준의 인사관리정책을 실천한다. 나쁜 유형은 철학도 전략도 없다. 게스트와 호크에 따르면, 좋은 유형의 무노조주의는 경영자가 구성원을 인재로 여기는 명확한 철학을 갖고 있으며, 이들의 참여와 몰입을 이끌어내기 위한 다양한 정책을 실시하는 것이 특징이다. 반면, 나쁜 무노조주의는 노동조합을 배제하고 억압하는 행태만을 보인다. 운 좋은 유형은 다양한 인적자원관리를 실천하지만, 명확한 철학에 따라 실천하기보다는 그때그때 필요에 따라 하는데도 다행히 좋은 성과를 내는 유형이다.

무노조주의의 유형에 따라 구성원의 몰입, 생산성, 동료관계 등의 성과에서도 차이가 있다. 분석 결과, 좋은 유형의 무노조주의의 성과가 가장 높은 것으로 나타났다. 커Kerr의 최근 연구는 더욱 복잡하고 다양하게 나타나는 무노조사업장의 인적자원관리에 초점을 두어, 기업의 자산 상태, 경영자의 노사관계관, 종업원 대표체, 노동시장, 기업의 소유구조, 노동조합 조직 가능성 등 다양한 요소를 고려해 무노조사업장의 특징을 분석

했다.

지금까지 진행된 연구는 무노조사업장에서 나타나는 인사관리관행을 비교하고 유형화하는 데 유용하지만 비노조경영의 체계적 개념을 세우는 데는 한계가 있다. 또한 유형화는 사례들을 이해하는 데 기술적인 틀을 제공하지만, 비노조경영의 철학과 전략을 체계화하는 데는 매우 부족하다.

Chapter 2

비노조경영 VS 노동조합주의

노동조합의 역할을
돌아보다

비노조경영의 개념을 새로 쓰는 데 노동조합에 대한 이해는 매우 중요하다. 곧 노동자의 요구를 이해하는 과정이기 때문이다. 프리만과 메도프의 전통적 연구인 《노동조합은 무엇인가?What do Unions do?》는 노동조합의 역할에 대한 가장 포괄적인 연구다. 1984년에 출간된 이들의 저작은 노동조합에 대한 이론적 분석과 경험적 근거를 제시함으로써 노동조합의 명과 암을 체계적으로 보여준다. 2008년에는 제임스 베네트James T. Bennett, 브루스 카프만Bruce Kaufman 등 노사관계학자들이 프리만·메도프의 연구를 기초로 현재 미국의 노동조합이 어떻게 변화하는가를 업데이트해 분석하기도 했다.

프리만·메도프가 바라보는 노동조합의 이론적 측면을 간략히 살펴보자. 노동조합은 2개의 얼굴을 갖고 있는데, 하나는 노동력의 가격을 결정하는 데 독점적 권력을 행사하는 독점체monopoly의 모습이고, 다른 하나는 작업장 내에 의사소통을 위한 통로를 제공하는 소통체voice/representation의 모습이다. 독점체의 노동조합은 단체교섭과 쟁의행위를 통해 노동력의 가격(임금)을 높인다. 노동조합은 노동력 공급독점을 바탕으로 경쟁시장에서 요소가격보다 더 높은 노동력 가격을 설정한다. 신고전파 경제학의 관점에서 보면, 노동조합은 노동력의 가격을 시장 가격보다 높이므로 비효율을 가져온다.

반면, 소통체의 노동조합은 독점체의 노동조합이 초래하는 비용을 상쇄시킨다. 소통체의 관념은 허쉬만의 Voice/Exit 모델에 기초한 것이다. 노동자는 자신의 목소리를 내고자 하는 욕구가 있으며, 이를 관철시킬 통로가 없을 경우 불만이 쌓이고 결국 이직을 선택한다. 이를 해결하기 위해 노동조합은 사용자와 협의·교섭하고, 필요할 경우에는 쟁의행위 같은 실력을 행사한다. 이러한 노동조합의 힘은 사용자를 교섭 테이블로 나오게도 하지만, 교섭 결과가 지속적으로 이루어지게 하는 원천이기도 하다. 이것은 노동조합 본연의 기능 가운데 하나다.

노동조합이 독점체이자 소통체라는 점은 노동조합의 역할을 이해하는 데 매우 유용하다. 임금과 고용이 서로 상충관계에 있다고 가정할 때, 높은 임금은 (다른 조건이 동일하다면) 고용 감소를 가져올 수 있다. 그러므로 독점체의 노동조합이 최대의 효과를 얻어내려면 노동자의 임금을 높이면서도 고용을 안정시킬 수 있어야 한다. 소통체의 노동조합은 불만 관리, 고충 처리 같은 소극적인 의사소통과 생산적 제안, 자율적 작업의 확대 등 적극적인 의사소통을 수행한다. 이외에도 노동조합은 노동자의 지위 향상을 위해 많은 역할을 하지만, 여기에서는 임금과 고용안정, 소통 등에 초점을 두어 살펴보겠다.

임금협상

독점체의 노동조합은 조합원에게 시장보다 높은 임금을 제공한다. 노동조합이 단체교섭을 통해 얻어낸 임금과 시장임금*의 차이를 노동조합 임금 프리미엄이라 한다. 노동조합은 임금 프리미엄을 제공함으로써 조합원들의 지지를 얻는다. 미국의 경우, 산업이나 업종, 시기마다 임금 프리미엄은 다양하지만 대략 16% 내외로 추정된다.[9]

한국의 경우도 마찬가지다. 1987년 민주화는 한국 노동운동에 양적으로 성장의 기회를 가져다주었다. 권위주의 체제에 균열이 생기면서 노동운동을 비롯한 다양한 형태의 시민운동이 등장했다. 노동조합운동은 1987년 뜨거운 여름을 거쳐 1989년에는 지역단위의 연합체를 발전시키면서 정치적·경제적 실체로 부상했다. 특히 경제적 이익대표체로서 한국 노동조합은 근로조건을 향

---

* 노동조합 등 제도적 개입이 없었다면 받게 될 임금.

상시키는 데 뚜렷한 성과를 이루었다. 한국 노동조합이 달성한 임금 프리미엄은 연구마다 다르게 나타나는데, 2000년 이전까지 평균 15~20% 이상의 임금 프리미엄을 성취할 만큼 경제적 이익 대표체로서 성공적으로 기능했다.[10] 그러나 2000년대에 들어서면서 외환위기 이후 구조조정의 상시화, 세계 경기의 침체 등으로 임금 프리미엄은 급속히 하락해 현재는 5%를 밑돌고 있다.[11] 노동조합 임금프리미엄의 하락은 세계화와 유연화 등 경영환경 변화가 그 원인이다. 유연화 경향이 심화되면서 고용안정과 상충관계에 있는 임금은 고용안정을 희생하지 않고서는 그 수준을 유지하기가 힘들어졌다.

노동조합은 조합원들의 임금 불평등을 해소하는 데 노력한다. 불평등은 노동조합의 기반인 연대를 해치기 때문이다. 노동조합이 임금불평등을 해소하는 데 얼마나 기여하는가에 대한 연구는 학자들마다 다른 결과를 보여주고 있다. 프리만은 노동조합이 임금 불평등을 해소하는 데 기여했다고 주장한 반면,[12] 존슨은 미국 노동조합이 노동자 간 임금불평등을 심화시킨다는 상반된 주장을 내놓았다.[13] 노동자의 소득불평등을 결정하는 요인이 다양하기 때문에, 노동조합의 소득불평등 효과에 관한 경험적 분석은 연구 대상, 분석 방법에 따라 다르게 나타날 수밖에 없다. 예를 들어, 단체교섭제도가 확장 효력**을 갖고 있는 나라의 경우, 일

---

* 조합원뿐만 아니라 비조합원에게도 단체협약을 확대해 적용하는 조항.

반적으로 노동조합은 소득불평등을 낮춘다. 이 외에도 제조업과 서비스업 등 직종의 특성, 남성과 여성이라는 성별 차이, 최근에는 정규직이냐 비정규직이냐에 따라 노동조합의 소득불평등 완화 효과는 달리 측정된다.

고용안정

노동조합은 고용안정을 높여 조합원의 생존 기반을 확고히 하고, 아울러 조합원의 지속적인 연대를 유지한다. 노동조합은 전통적으로 사용자의 부당한 해고를 막아 조합원의 고용을 안정시킨다.[14] 즉, 교섭을 통해 정당한 해고의 사유, 해고 절차 등을 제도화함으로써 사용자의 부당해고로부터 조합원을 보호한다.

고용안정 문제는 경쟁 심화, 유연화 등 경영환경이 바뀌면서 좀 더 복잡한 양상을 띤다. 사용자의 부당해고보다 경기침체로 인한 인원 감축이 더 큰 문제가 됐다. 미국을 비롯한 서구뿐만 아니라 우리나라도 1990년대 외환위기, 최근의 금융위기를 거치면서 상시적으로 구조조정에 시달리고 있다. 경기침체기에는 기업의 경쟁력과 노동자의 고용안정 간에 조화를 이루기 위해 임금 삭감, 근로시간 단축, 일자리 나누기 등 다양한 해법을 찾는 데 노사가 주력한다. 그러나 미국 노동조합은 경기침체기에 임금 삭감보다는 일시적 해고를 선호한다.[15]

일시적 해고는 노동조합과 경영진이 합의한 독특한 제도다. 실제로 미국의 경영자는 경기 침체, 성과 부진 등의 이유로 경영에 어려움이 생기면 별 제재 없이 노동자를 해고할 수 있다.[*] 다만, 경기가 회복되면 해고대상자들을 우선적으로 채용해야 한다. 대부분 해고대상자와 다시 채용할 대상자는 연공, 즉 근속 연수에 의해 결정된다.

일시해고 관행이 미국에서 잘 정착된 이유는 미국 노동시장의 특성 때문이다. 미국 노동시장은 부문 간 단절이 심하지 않고, 종적 시장보다는 횡적 시장이 발달해 있다. 부문 간 단절이 심하지 않다는 것은 대기업과 중소기업, 도심과 지역 등 부문 간 이동이 원활함을 뜻한다. 즉, 중소기업에 일했던 경력이 대기업으로 이동하는 데 장애가 되지 않는다. 횡적 노동시장이 잘 발달했다는 것은, 내부 승진보다는 외부 노동시장에서 직접 채용하는 것이 일반화되어 있으며, 개인의 경력과 역량에 따라 쉽게 다른 기업으로 옮길 수 있음을 의미한다. 이러한 특성들은 노사가 일시해고에 쉽게 동의할 수 있는 밑바탕이 되어왔다. 또한 1990년대 이전까지는 일자리 사정이 매우 좋았기 때문에 일시해고를 둘러싼 노사갈등을 줄일 수 있었다.

우리나라의 경우, 경영상 해고(소위 정리해고)가 법제화되어 있지만 미국만큼 쉽지는 않다. 특히, 사회보장 수준이 충분하지 않고 일자리 창출의 역동성도 낮아 노동조합은 경영상 해고에 대해 강하게 저항한다. 외환위기 이후 대규모 해고를 경험한 이후에는

---

[*] 해고 예고 등 최소한의 절차가 있지만, 해고 의지가 있다면 이를 곤란하게 만들 정도는 아니다.

경영상 해고를 둘러싼 노사갈등이 더욱 격화되고 있다. 물론 우리나라 노동시장의 경직성은 기업 규모에 따라 차이가 크다. 주로 전자, 자동차, 철강, 금융 등 전략 산업이 주를 이루는 대기업의 경우, 노동조합이 잘 조직돼 있기 때문에 경영상 해고는 많은 갈등을 불러온다. 반면, 중소기업 노동시장은 매우 유연하다. 중소기업의 경우 고실업 상황에서 고질적인 구인난을 겪고 있으며 이직률도 매우 높다. 노동조합 조직률도 매우 낮은데다 조직돼 있다 해도 대기업 노동조합처럼 독점체로서 그 기능을 수행하는 데 한계가 있다.

고용안정은 노동자에게는 직접적인 생존의 문제를, 기업에게는 존속의 문제를 불러온다. 고용이 불안하면 일에 대한 만족도가 떨어질 뿐만 아니라, 삶에 대한 불안감을 키워 생산성 하락을 초래하고 노사 모두에게 불합리한 결과를 가져다준다. 그러나 지속적인 고용안정은 간단하지 않은 문제다. 고용은 기업 경영에서 비용의 많은 비중을 차지 때문에 현실적으로 높은 임금과 고용안정을 동시에 달성하는 것은 독점이윤을 창출하는 일부 대기업을 제외하고는 곤란하다. 기업 간 경쟁이 심화되는 상황에서는 더욱 그러하다. 따라서 고임금과 고용안정은 비용을 상쇄시킬 수 있는 출구를 찾아내야만 가능하다. 비용 상쇄는 기술 개발, 시장 확보, 생산성 향상을 통한 경쟁력 확보 또는 소비자나 하청 등 외부에 전가시키는 방법으로 가능하다. 그러나 자원 고갈, 친환경 규제, 불안정한 금융시장, 국제 정치의 불안정성과 같은 환경적 요인과 더불어 개방, 혁신, 신기술 도입, 새로운 경쟁자의 등장과 같은 다양한 변화들은 경영의 불확실성을 부채질한다. 이러한 상황은 고용안정을 둘러싼 함수를 복잡하게 만들어 노동조합이 고용안정에 기여할 수 있는 여지를 더욱 축소시키고 있다.

노동조합이 고용에 미치는 영향에 대한 연구도 부정적인 결과를 보이고 있다. 조너선 레퍼드Jonathan Leonard의 전통적 연구에 따르면, 1974년부터 1980년까지 캘리포니아 지역의 제조업체(1,798개)의 고용성장률을 조사한 결과, 노동조합이 조직된 부문이 조직되지 않은 부문보다 3.9% 낮게 나타났다.[16] 캐나다의 경우(1980~1985년), 제조업 부문과 비제조업 부문 모두 노조가 조직되지 않은 곳의 고용성장이 각각 3.7%, 3.9% 높은 것으로 나타났다.[17]

최근에 발표된 연구인 스콧 월스워스Scott Walsworth의 연구에 따르면, 공공부문을 제외한 민간부문에서 노동조합은 고용성장을 연간 2.2% 정도 낮추는 것으로 나타났다. 호주의 경우도 노동조합이 고용에 미치는 영향은 마이너스 2.5%다. 거시적으로 볼 때, 노동조합은 고용성장에 부정적인 영향을 미친다고 볼 수 있다.[18] 여기에는 다양한 원인이 있겠지만, 특히 세계화에 따른 경쟁 심화는 비용 요소의 경쟁력 비중을 상대적으로 높였다. 이로써 조직의 상대적인 고임금 효과가 거시적으로는 고용감소를 불러온다고 볼 수 있다.*

조금 흐름을 벗어나지만 앞서 이야기한 고용비용의 전가 문제에 대해 짚고 넘어가자. 노동조합과 경영진은 임금과 고용안정에서 비롯되는 비용을 내부가 아닌 외부로 전가하기도 한다. 실제로 독점기업의 경우, 시장지배력을 활용해 독점가격을 소비자에게 전가할 수 있다. 독점기업에 노동조합이 있는 경우, 독점체인 노동조합은 자신의 독점가격(더 높은 임금)을 높이고, 기업은 이를 소비자에게 전가하는 양상이 나타나기도 한다. 이런 이유로 독점기업의 노동조합에서 파업이 자주 일어나고 오랫동안 지속되는 것이다.[19] 다만, 소비자에게 전가하는 것은 독점적 지위가 유지되는 동안에만 유효하다. 시장개방, 끊임없는 혁신, 신기술 개발이 일반화된 지금은 소비자 전가 효과가 그리 오래 지속되지 않는다.

한국의 경우, 외부로 전가하는 것 중 가장 심각한 형태는 하청이다. 소위 '갑'과 '을' 관계로 통칭되는 원청과 하청 간의 권력적 위계관계는 노사관계에서 발생하는 비용을 전가하는 완충장치로 남용되고 있다. 노사관계의 당사자 지위에 서지 않기 위해 사내하청을 편법적으로 활용하는 사례가 증가하고 있다. 독점기업의 거대 노동조합과 사용자는 고임금, 고용안정, 고복지 등 노사관계 비용을 하청에 떠맡기기 위해 담합을 하며, 이를 상생이라는 말로 곱게 포장하는 경우도 있다.

독점기업 내의 노사 담합구조는 하청을 이용한 경제적 거래에

---

* 앞서 제시한 연구들은 표본 대상 기업의 수가 제한돼 있고, 연구자에 따라 방법론에 차이가 있으므로 이를 근거로 일반화하는 오류에 빠져서는 안 된다. 더 세밀한 연구를 통해 노동조합과 고용 간의 상관관계를 밝히고, 그 원인을 분석함으로써 이를 극복할 수 있는 대안을 찾아나가야 한다.

그치는 것이 아니라, 노사관계를 병들게 하고 부패하게 만든다. 거대 노동조합은 자신들만의 복리를 위한 집단이기주의로 전락하기 마련이고, 사회로부터 신망을 기대할 수 없게 만들기 때문이다. 결국 원하청 관계는 더욱 확산돼 결국 지배력을 갖는 극소수만이 살고 대다수가 죽는 '실패한 관계'를 확산시킨다. 양극화는 이 실패한 관계가 잉태한 최악의 상황이다. 양극화는 한번 고착되면 회복되지 않는다. 양극화로 신뢰라는 사회적 자본이 고갈되기 때문이다.

보이스 메커니즘, 불만과 고충의 해소

노동조합의 전통적 기능 중 하나는 불만 해소 기능이다. 단체교섭제도는 조합원의 불만을 해소하는 가장 전통적인 소통체제다. 노동조합은 사용자와의 단체교섭을 통해 임금 등 근로조건에 대한 노동자의 요구를 전달하고 협상한다. 단체교섭 과정에서 노동자는 자신이 속한 노동조합을 통해 근로조건과 관련된 불만을 제시하고 해소함으로써 만족도를 높인다.

직장생활을 하는 사람은 작업장에서 생기는 불만과 고충을 자유롭게 표현하는 데 어려움을 느끼기 마련이다. 초기 산업화 시대에는 노동자에 대한 사용자의 부당한 대우가 빈번했고, 노동자들도 사용자의 규율이나 지시에 대해 자신의 의견을 전달하는 것은 매우 부담스러운 일이었다.[20] 경영자는 채용과 해고 권한을 가질 뿐만 아니라 작업 지시, 휴식, 휴가 같은 직장에서의 질서나

제도를 유지하기 위한 막강한 권한을 행사하기 때문이다.[21] 당연
히 노동자들은 불이익을 당할까 두려워하여 고충을 털어놓는 것
을 꺼려한다. 이는 불만과 고충을 대변하는 힘 있는 실체의 요구
로 이어졌으며, 그것이 노동조합이다.

노동조합은 임금과 같은 근로조건에 대한 불만뿐만 아니라 직
장생활에서 일상적으로 나타날 수 있는 여러 형태의 불만을 대변
하는 보이스 메커니즘이다. 일반적으로 노동자가 느끼는 가장 큰
불만 중 하나는 승진과 성과평가에 관한 것이다. 이냐스 엔지
Ignaces Ng와 데니스 마키Dennis Maki는 노동조합이 승진이나 성과평
가에 대한 노동자의 불만을 해소하는 데 기여했음을 밝히고 있
다. 이들의 연구에서 노동조합은 승진 절차를 좀 더 공식화함으
로써 사용자의 자의적 판단이 잘못 개입되는 것을 막아 노동자의
만족을 높이는 기능을 수행하는 것으로 나타났다.[22]

성과평가의 객관적이고 공정한 기준을 세우는 데는 현실적
인 곤란함이 있다. 화이트칼라가 수행하는 업무처럼 성과를 계
량화하기 힘든 경우도 많으며, 최근의 금융위기나 자연재해,
질병 등 노동자가 통제할 수 없는 환경요인으로 성과가 좌우되
는 경우도 흔하기 때문이다. 특히 성과평가에 따른 보상의 차
등은 노동자 내부의 소득격차를 불러 일으켜 연대를 해치기도
한다. 이로써 노동조합은 공정한 성과평가 기준을 설정하는 데
개입하고자 하는 의지를 보이며, 성과평가의 결과로 보상의 차
등 폭이 커지는 것을 달가워하지 않는 경향이 있다.* 실제로 사

용자들은 종업원의 역량과 성과에 기초한 평가를 선호하는 데 비해, 노동조합은 연공에 의한 평가를 중시하는 이유도 이 때문이다.

노동자는 불만의 표출과 해소라는 소극적 욕구뿐만 아니라, 자신이 느끼는 창의적 아이디어를 생산 과정에 응용하고자 하는 욕구도 있다. 또한 엄격한 지시와 규율보다는 자신의 재량에 따라 자율적으로 일하고자 하는 적극적 욕구도 갖고 있다. 특히 1980년대 이후 지식정보화가 진행되면서 의사결정 과정에 참여하고자 하는 노동자의 욕구는 점차 늘고 있다. 그러나 노동조합은 이러한 측면에서는 제대로 대응하지 못했다. 오히려 기업들이 먼저 TQMtotal quality management, QCquality circle, 제안제도 등 다양한 참여제도를 내놓음으로써 종업원들의 참여 기회를 확대시켰다. 경영자들이 내놓은 참여제도는 품질개선이나 창의적인 상품 개발을 통해 성과를 높이고자 하는 시도였으나, 그 과정에서 구성원들은 참여 욕구를 충족함으로써 직장생활의 만족도를 높일 수 있는 계기가 되기도 했다.

케네스 맥래넌Kenneth McLennan은 노동조합 조직률이 하락하는 현상에 대해 노동자가 노동조합을 더는 효과적인 의사표출의 통로로 인정하지 않은 결과로 보고 있다.[23] 맥래넌의 평가는 명

• 실제로 노동조합은 성과평가 결과가 월급, 승진, 해고 등을 결정하는 데 큰 비중을 차지하지 않도록 함으로써 조합원의 불만해소와 연대강화를 꾀한다.

확한 근거를 제시하고 있지 않아 과장된 측면이 있지만, 노동
조합의 전통적인 보이스 메커니즘이 한계를 보이는 것이 사실
이다.

비노조경영과
노동조합주의의 관점 차이

비노조경영은 궁극적으로 구성원의 행복과 신의를 추구해야 하며, 이 점에 대해서는 노동조합도 마찬가지다. 그러나 부분적으로 지향하는 바가 같음에도 불구하고 비노조경영과 노동조합 사이에는 이를 구현하는 철학과 전략에 큰 차이가 있다. 인간관, 접근 전략, 가치, 지향점 등을 중심으로 그 차이를 살펴보고자 한다.

인재 vs 노동자

비노조경영과 노동조합주의는 인간관이 다르다. 비노조경영은 구성원을 잠재역량을 갖춘 인재로 본다. 자신의 역량을 발휘해 창의를 구현하고 성과를 만들어내는 존재로 본다. 이는 도구적 존재의 성격이 강하다. 도구적 존재는, 자신과 세계를 변화시킬 수 있는 잠재역량을 발휘해 성과를 얻어내는 존재다. 이를 완성하는 조건은 투자다. 따라서 비노조경영은 투자적 접근을 가장 중시한다. 여기서 한 가지 간과해서 안 될 사실은, 비노조경영이 구성원을 도구적 존재로 바라본다고 해서 구성원의 인격을 경시하는 것은 아니다. 잠재역량을 가진 인재라는 측면을 더 의미 있게 바라보는 것일 뿐이다.

반면, 노동조합은 구성원을 역사적·계급적 존재인 노동자로 이해한다. 계급적 존재인 노동자는 생산의 주체이며, 노동을 통해 세상을 변화시키는 역사의 주체다. 그러나 생산의 주체인 노동자는 자본주의 소유 구조 아래에서는 자본에 의해 불합리하게 착취당한다. 따라서 노동자는 자본과 대척점에 있으며, 불합리한 착취로부터 벗어나기 위해 교섭하고 투쟁한다.[*]

비노조경영과 노동조합주의는 구성원과의 관계에서도 차이가 있다. 비노조경영은 구성원을 파트너의 지위에 놓는다. 파트너란 일정한 공유 가치를 실현하기 위해 서로 협력하고 경쟁하는 독립된 주체다. 파트너는 협력의 대상이자 주체임과 동시에 상호 경쟁의 대상이 되기도 한다. 의미 있는 협력이 지속적으로 유지되

---

[*] 노동조합주의가 항상 혁명적 사회주의와 궤를 같이하는 것은 아니다. 노동조합주의는 자본주의적 소유 구조로 파생되는 작업장의 문제 또는 사회 문제를 극복하는 데 목적을 두고 있다. 다만 실천전략이 매우 다양할 뿐이다. 혁명적 노동조합주의는 자본주의적 소유 구조를 타파하는 길만이 자본주의를 극복하는 유일한 방법이며, 따라서 이를 위해 비타협적인 투쟁에 의존하는 경향을 보인다. 그러나 경제적 조합주의를 추구하는 노동조합은 자본주의 생산 양식을 받아들이되, 불합리한 차별과 착취를 끊어내고 정당한 노동의 대가를 받아내기 위한 교섭과 타협을 중시한다. 노사협조주의를 취하는 노동조합도 많이 발견되는데, 이들은 교섭과 투쟁보다는 노사협력을 통한 노사상생이 조합원의 삶의 질을 향상시키는 데 더 효과적임을 강조한다.

기 위해서는 파트너들은 서로 공유하는 가치를 실현하는 데 필요한 역량, 즉 실력을 보유해야 한다. 역량이 없다면 파트너십은 지속적으로 유지되기 힘들다. 파트너는 협력의 주체일 뿐만 아니라 경쟁의 대상이기도 하다. 파트너 간의 경쟁은 상호학습을 가능하게 하며, 공동의 성과를 이루는 데 기여한다. 따라서 협력과 경쟁의 주체로서 파트너는 인재를 전제하는 개념이라 할 수 있다.

반면, 노동조합은 구성원을 연대의 주체로 내세운다. 자본으로부터 불합리한 착취를 해소하기 위해 노동조합은 구성원 간의 연대와 단결을 중시한다. 협력에 기초한 파트너십보다는 대립에 기초한 긴장관계를 형성하고, 교섭과 투쟁을 통해 노동의 정당한 대가를 확보하고자 한다. 따라서 기업의 인적자원관리전략에 대해서도 조금은 저항적이다. 인적자원관리전략은 노동자의 계급의식을 약화시키고 기업에 종속된 종업원 의식을 강화시켜 노동조합의 강력한 대오를 형성하는 데 걸림돌로 작용할 수 있기 때문이다.

개별주의 vs 집합주의

비노조경영이 추구하는 파트너십은 개별주의 관점을 취한다. 개별주의 관점은 구성원을 파편화된 개인으로 보기보다는 정체성을 확보한 독립된 주체로 보는 것을 의미한다. 파트너십이란 독립된 개체들이 서로 차이를 인정하고 단점을 보완하며 장점을 극대화하는 과정이다. 이러한 파트너십은 통일된 모습을 보이지만,

차이를 무시하는 단결이 아닌 독립된 개체가 살아 있는 느슨한 연합을 의미한다.

반면, 노동조합주의는 집합주의 관점을 취한다. 집합주의는 개개인의 차이를 극복하고 하나의 집합으로서 정체성을 발전시키는 것을 중시한다. 집합으로서 정체성을 정립하고 발전시키기 위해 노동조합은 강하게 연대하는 행동양식을 우선시한다.

비노조경영의 파트너십과 노동조합의 연대주의는 단결과 연대를 형성한다는 면에서 닮았으나, 이를 구성하고 유지하는 원리에서는 차이가 있다. 파트너십은 주체들의 독립성을 전제하는 반면, 집합적 연대는 집합적 이성을 중시한다. 개별 파트너십이 개별 주체들의 역량을 상호 교환하여 시너지를 극대화한다면, 집합적 연대는 차이를 최소화하여 집합의 힘을 극대화한다.

개별 파트너십이 추구하는 시너지의 극대화는 개별 주체들의 역량이 최대한으로 발휘될 때 가능하므로 개개인의 차이를 부각시키고 조장하는 게 바람직하다. 차이를 통해 서로의 강점과 약점을 발굴하고 약점을 보완해 시너지를 확장할 수 있기 때문이다. 또한 개별 파트너십은 존재의 기반이 개별 구성원에 있으므로 집중적이기보다는 분산적이다. 개별 구성원들은 자신의 고유한 역량에 기초해 재량권과 독립성을 어느 정도 부여받으며, 스스로 제 역할을 해내고 책임을 지는 셀프리더십을 중시한다.

집합적 연대는 집합의 힘을 극대화하기 위해 이성과 행동을 일치시키는 중앙집권적인 리더십이 필요하다. 리더십이 분산되면 노동조합 내부의 이질성을 높여 연대를 무너뜨릴 가능성이 높기 때문이다. 따라서 집합적 연대는 중앙집권적 리더십을 통해 이념과 목표를 명확히 하고, 이를 효율적으로 집행할 수 있는 실행력을 확보하는 데 중점을 둔다. 결국 강한 리더십이 발휘될수록 노동조합의 효율성은 증대된다. 그러나 리더십이 바뀌거나 내부의 의견대립으로 리더십에 대한 확신이 서지 않는다면 연대의 힘은 약화된다.

공정의 원리 vs 공평의 원리

비노조경영은 공정의 원리를 중시하는 반면, 노동조합주의는 공평의 원리를 중시한다는 점에서 대비된다. 두 원리의 차이에 대해서는 Chapter 1에서 설명한 바와 같다. 비노조경영은 기회의 평등을 중시하며, 기여한 몫에 따른 차이를 긍정한다. 그 차이에 대한 합리성을 획득하기 위해 기회를 부여하고 실현할 수 있는 역량을 키우는 데 투자한다. 반면, 노동조합은 연대의 산물이다. 공평주의를 기반으로 하는 통일된 근로조건을 이룸으로써 조합원들 간에 동질성과 연대의식을 드높이는 것을 중시한다.

지향점의 공유

비노조경영과 노동조합주의는 많은 부분에서 지향하는 바가 같다. 비노조경영이 지향하는 구성원의 일과 삶의 질적 향상과 신의 회복은 노동조합이 추구하는 노동자의 근로조건 개선, 사회·경제

적 지위 향상과 유사하다. 때때로 노동조합은 사회변혁, 나아가
자본주의 소유 구조의 타파를 궁극적으로 지향하는 혁명적 노동
조합운동 같은 궁극적인 목표를 제시하기도 하지만, 노동자의 근
로조건, 사회·경제적 지위 향상은 일상적으로 추구돼야 하는 노
동조합의 일차적 목표임이 분명하다.

이렇듯 지향점이 닮았음에도 불구하고 비노조경영과 노동조합
은 그 대상의 범위에 차이가 있다. 비노조경영은 전체 구성원을
대상으로 하는 반면, 노동조합은 조합원을 우선시한다. 대상의
차이는 우리 사회에 만연한 집단이기주의와 관련해 중요한 의미
가 있다.

노동조합주의의 조합원우선주의는 일부 조합원의 이익만을 위
한 이기주의에 빠질 가능성이 높다. 특히, 우리나라처럼 대공장,
정규직, 남성 위주의 기업별 노동조합주의가 발전한 나라에서는
더욱 협소한 이기주의가 잉태될 가능성이 높다.

비노조경영도 전체 구성원을 대상으로 하지만 기업 단위의 이
기주의에 포획될 가능성이 높다. 기업 구성원의 이익에만 매몰될
경우, 중소기업, 지역사회, 나아가 공동체에 대한 사회적 책임을
저버릴 수 있다. 이미 심각한 사회문제가 된 비정규노동자에 대
한 차별과 남용, 중소기업에 대한 부당한 거래관행, 사내하청 같
은 비정상적 고용관행 등은 기업 단위의 이기주의에서 비롯된 것
이다. 따라서 노동조합이 건강한 노동조합운동으로 거듭나 국민
과 조합원의 신의를 회복하기 위해서는 조합원을 넘어서는 '통

	비노조경영	노동조합주의
지향점	QWL의 지속 향상	노동자의 경제·사회적 지위 향상
구성원에 대한 관점	인재(도구적 존재)	노동자(계급적 존재)
조직 원리	공정	공평
접근 방법	개별주의	집합주의
실행 수단	창의·소통 중심 인적자원관리	교섭과 투쟁
중심 가치	창의/소통/협력/경쟁	연대/단결/힘의 우위

큰 연대'를 달성해야 하는 것처럼, 비노조경영이 대안적 경영으로 발전하기 위해서는 기업 단위를 넘어서는 '통 큰 경영'을 수행해야 한다.

Chapter 3

비노조경영의
철학적 기반

왜 철학을
탐색해야 하는가

비노조경영의 개념을 새로 쓰는 과정에서 가장 중요한 일은 비노조경영이 터를 잡는 데 필요한 철학을 탐색하는 것이다. 경영학은 실용주의라는 근대성에 오랫동안 파묻혀 있었다. '효율'은 '인간'이라는 가치보다 우위에 서기 일쑤였고, 투입과 산출의 방정식만이 경영 세계를 지배했다. 그러나 시장이 모든 가치를 판단하도록 맡겨두었던 근대성의 시대는 막을 내렸다. 그럴듯한 구조는 개인을 붙잡아두기에는 그다지 치밀하지도 단단하지도 못했다. 주체로서 개인은 자신을 얽어매는 구조를 부정하기 시작했고, 그 틀은 탈근대성으로 대체됐다. 보편성을 논하기에 근대적 구조는 너무나도 허약했다.

다시 철학의 시대다. 근대성의 시대가 막을 내렸음에도 경영은 새로운 철학을 탐색하는 데 게을러 보인다. 과거의 실용주의, 성과지상주의 따위를 반복하기 때문이다. 비노조경영은 새로운 시대정신에 부합하고 올바른 실천을 이끄는 철학을 가져야 한다. 지성사는 인간사에 관한 풍부한 통찰을 담고 있으므로 비노조경영이 추구해야 할 철학을 탐색하는 데 유용하다. 특히, 존경받는 비노조경영이 되기 위해서는 신자유주의 철학에 대해 매우 까다롭게 굴어야 한다. 극단적 시장주의가 가져온 경영의 천박성을 탈피해야 할 뿐만 아니라, 신자유주의는 다음 세대에 물려줄 새로운 경영을 탐색하는 데 무력하기 때문이다. 2008년 리먼 사태 이후 세계는 미국식 자본주의에 대한 깊은 성찰을 시도하고 있으며, 사태의 장본인인 미국도 금융 시스템을 개혁하는 등 스스로 구조 점검에 나서는 판이다. 이렇듯 비노조경영의 철학은 단순히 근대성에 갇힌 노동조합주의를 넘어서는 데 그칠 것이 아니라, 신자유주의에 매몰된 미국식 경영에 대해서도, 극단적 시장주의가 가져올 양극화에 대해서도, 이로 인한 공동체 기반의 붕괴 가능성에 대해서도 문제를 제기해야 한다.

이 장에서는 비노조경영의 개념을 구성하는 지표인 인재철학, 창의, 소통, 신의 등에 대한 지성의 역사적인 측면에서 근원을 탐색한다. 가장 먼저 기업가적 인재, 창의와 혁신은 슘페터의 이론을 통해 살펴보겠다. 프랑스의 경제 학자 레옹 발라Leon Walras의 정태적 균형이론을 극복한 슘페터는 자본주의의 내적 동력을 창조적 파괴로 보았다. 이는 비노조경영의 창의와 혁신 그리고 이를 추진하기 위해 노력하는 기업가의 의미를 되새기는 데 많은 통찰을 제공할 것이다.

둘째, 소통을 고려하기 위해 갈등이론의 다양한 측면을 조명하겠다. 갈등은 소통의 시작이므로, 갈등의 본질을 이해하지 않고서는 실질적으로 소통할 수 없다. 또한 비노조경영의 갈등관을 정립할 수 있다는 점에서 매우 중요하다.

셋째, 신의는 유교적 공동체주의를 재조명하여 살펴보겠다. 신유교주의는 1980년대 유교자본주의에 대한 논의가 시작되면서 활성화되다가 1990년대 외환위기로 급격하게 사라졌다. 신유교주의에 기초한 공동체주의를 다시 들춰보고자 하는 이유는, 비노조경영이 자칫 한쪽으로 기우는 오류를 범하지 않도록 하기 위함이다. 신의의 가치를 바로 세움으로써 배려의 문화를 정착시키며, 공동체 전체에 공헌할 수 있는 '통 큰 경영'을 해나가는 방법을 탐색하는 데 시사점을 제공할 것이다.

슘페터와 기업가의
창조적 파괴

비노조경영은 바람직한 구성원을 자립형 기업가로 본다. 자립형 기업가는 슘페터의 기업가 개념에서 근원을 찾을 수 있다. 슘페터는 무언가를 새로이 만들어내는 기업가(자본가와 구별되는)를 자본주의를 발전시키는 내적 동력으로 보았다. 발라가 본 일반 균형은 다이내믹하게 변화하는 자본주의를 설명하는 데 한계가 있다고 판단한 슘페터는 기업가에 의한 창조적 파괴를 자본주의를 변화시키고 자본주의가 성장하게 하는 근원적인 힘으로 보았다.

슘페터와 발라

슘페터가 경험한 자본주의는 제1차 세계전쟁과 그 이후의 경기 침체, 1929년 경제대공황, 제2차 세계전쟁으로 이어지는 격변기에 놓여 있었다. 당시 경제학은 발라의 일반 균형이 대세를 이루었는데, 슘페터는 자본주의의 격변기를 지내면서 일반 균형의 정태모형에 대해 회의를 품었다. 그러나 그는 발라의 정태모형을 부정하기보다는, 이를 바탕으로 정태적 시스템 내부에서 동태적 변화가 어떻게 가능한지를 밝히고 있다. 이는 전쟁과 공황으로 얼룩진 독점자본주의의 등장으로 자본주의가 동태적으로 변화하게 된 다양한 원인을 밝힐 필요가 있었기 때문이다. 슘페터가 주목한 혁신은 외부의 충격이 없다 해도 자본주의를 변화시키는 내부의 동력이다. 혁신은 창조적 파괴의 과정이고, 이를 이끄는 세력은 기업가다. 혁신, 창조적 파괴, 기업가. 이 3요소가 슘페터 사상의 근간을 이룬다.

슘페터가 바라본 발라에 대해 살펴보자. 발라는 고전파의 이론 경제학을 수학적 모형을 통해 완성했다. 합리적인 존재, 완전한 정보, 완전한 경쟁시장을 가정하고 한계효용모형을 정립한 것이 발라 균형의 핵심이다.[24] 발라의 세계에서 경제 행위자는 완벽한 정보와 예측력으로 자기의 효용을 극대화하는 합리적 존재다. 경제는 이러한 합리적 행위자들로 이뤄진 완전한 경쟁시장에 의해 돌아간다. 소비자는 자신의 기호에 따라 시장의 수요를 형성하고, 생산자는 보유한 기술을 활용해 소비자의 수요에 맞춰 이윤의 극대화를 추구한다. 완전한 경쟁시장은 수요와 공급의 균형을 이루어가며 균형가격과 균형거래량을 형성하므로 재화가 과하게 공급되거나 부족하게 되는 경우는 생기지 않는다. 생산을 위한 자원은 시장이 적소에 적량을 할당하므로 실업이나 유휴자원이 존재할 수 없는 완전한 고용 상태에 이른다. 발라의 균형세계에서는 합리적인 존재들의 합리적인 행위로 수요와 공급이 늘 맞아떨어진다. 결국 행위자들의 합리적인 선택으로 사회는 최적의 배분 상태에 도달하며, 그 선택이 반복되므로 최적의 상태도 지속된다. 외부의 충격이 없다면 발라의 균형은 깨지지 않고 지속된다.

슘페터의 동태모형

슘페터는 발라의 균형이론이 정태적인 일반 균형만을 설명할 수 있을 뿐 자본주의 현실에 따른 역동적인 변화를 이해하는 데 무력하다고 여겼다. 그리고 자본주의 경제 시스템과 내부 현실 경제 시스템은 모두 본질적으로 균형을 이루지 못하며, 외부의 충격뿐만 아니라 내부의 논리에 따라서도 끊임없이 변화를 겪는다고 보았다. 슘페터의 가정은 3가지다. 우선, 자본주의의 발전은 불연속을 특징으로 한다. 이는 원활한 직선이나 곡선을 그리는 성장보다는 단절적 변화가 있다는 뜻이다. 둘째, 그러므로 경제는 점진적인 양적 변화보다는 혁명적인 질적 변화를 겪는다. 이 변화는 예전의 균형을 근본적으로 뒤흔들어 전혀 다른 새로운 균형을 만들어낸다. 셋째, 새로운 균형을 만들어내는 변화는 경제 시스템의 외부에서 가해지는 충격이 아니라 시스템 내부의 자체 논리로 발생한다. 슘페터는 자본주의 내부에 균형을 깨뜨리는 에

너지의 원천이 있다고 보았는데, 혁신이 그것이다.

혁신은 슘페터가 고민한 '정태적인 순환 경제에서 과연 동태적인 변화를 이끌어낼 수 있는가'에 대한 해답이다. 혁신이란 기존의 자원들을 새로운 방식으로 결합함으로써 최소의 비용으로 양질의 상품을 만들어내는 과정이다.[25] 혁신은 기업가에 의해 이루어지는데, 기업가는 타고난 창의와 의지력으로 자본주의 경제에 활력과 생기를 불어넣어 자본주의를 역동적으로 이끄는 주역이다. 또한 새로운 것을 창조하기 위해 기존의 관행에 도전하고 전통을 거역할 수 있는 용기와 리더십을 갖춘 사람이다.

슘페터는 기업가의 진취적 모험을 유인하는 힘을 물질적 보상으로 보았고, 독점이윤을 대표적인 예로 들었다. 독과점을 기업가의 혁신을 통해 탄생한 새로운 것으로 보았기 때문이다. 독과점은 신고전파경제학에서는 자원의 분배를 왜곡하는 비효율적 상태지만, 기업가에게는 독점이윤을 가져다주는 매력적인 동기로 작용한다.

이런 측면에서 자본주의는 혁신을 통해 동태적인 변화를 겪는다. 혁신은 자본주의 경제를 기업가의 혁신 →독점이윤 →다른 기업가의 모방 →경기활황 →독점이윤의 감소 →혁신 행위의 감소 →투자 감소 →경기침체 →새로운 혁신의 파동적 순환으로 이끈다. 이러한 주기가 반복되면서 자본주의는 새로운 균형을 이루는데, 기존의 균형과는 질적으로 다른, 완전히 단절되어 새롭게 변모된 형태다. 이 과정을 슘페터는 '창조적 파괴'라고 했다. 창조적 파괴는 자본주의 경제에 존재하는 메커니즘으로, 경제구조를 내부에서부터 끊임없이 바꾸는 힘의 근원이다. 이런 의미에서 자본주의 시장경제의 기존 균형을 파괴하고 새롭고 변화된 또 다른 상태로 나아가게 만드는 기업가들 간 경쟁도 창조적 파괴의 한 과정이라 할 수 있다.[26]

슘페터가 본 기업가와 혁신

슘페터는 기업가를 이렇게 정의했다. "창조적 기능을 수행하고 성공의 결실을 위해서가 아니라 성공 자체를 위해 행동하며, 사적 왕국을 세우고자 하는 의지를 가진 개인"[27]이다. '무언가를 만든다'는 뜻의 어원을 갖고 있는 기업가, 즉 앙트레프레너는 지위를 뜻하는 자본가나 경영자와 달리 창조적 혁신을 수행하는 사람을 말한다. 이는 자본가와 경영자는 기업가가 아니며, 혁신을 실천할 때만이 기업가가 될 수 있다는 뜻이다.

슘페터가 본 기업가는 혁신을 수행한다. 슘페터에게 혁신이란 '새로운 결합의 수행'이다. 새로운 결합이란 1) 신제품을 개발하고 2) 새로운 생산방법을 도입하며 3) 새 시장을 개척하고 4) 새 원료공급처를 정복하고 5) 새로운 산업조직을 창조하는 것이다. 이때 새로운 산업조직은 독과점을 포함한다.

슘페터의 혁신은 경기순환을 일으키는 요인일 뿐만 아니라 자본주의의 경제발전을 내적으로 추동하는 힘이다. 또한 기업가의 탁월한 판단이 성공할 경우에만 존재하는데 수명이 짧다. 따라서 혁신은 새로운 혁신에 의해 늘 대체되는 역동적인 과정이다. 슘페터는 이에 대해 "자본주의의 엔진을 움직이도록 만들고 계속 움직이게 하는 근본적인 추동력은 자본주의 기업이 창조하는 새로운 소비재, 새로운 생산이나 운송 방법, 새로운 시장, 새로운 형태의 산업조직에서 비롯된다. (중략) 발전은 경제 구조를 내부로부터 끊임없이 혁명화하여 부단히 낡은 구조를 파괴하고 새로운 구조를 창조한다. '창조적 파괴'의 과정이야말로 자본주의의 본질적 사실이다"라고 정리했다.[28]

슘페터는 창조적 파괴만이 자본주의의 역동적 발전을 보장하기 때문에 혁신을 제한하는 모든 것을 반대한다. 특히 기업 내부에 만연한 관료제에 대해 경고하는데, 이는 혁신을 방해할 뿐만 아니라 자본주의의 창의적 본질을 제한하므로 궁극적으로 자본주의를 타락시키는 원인이라고 했다. "자본주의는 실패가 아니라 성공에 의해 파괴될 것이다. 자본주의의 성공이 자본주의를 보호하는 모든 사회제도를 약화시키고, 자본주의가 살아남을 수 없는 여건을 필연적으로 조성한다."[29] 여기서 슘페터가 말한 성공은 한 번의 혁신으로 우연히 이룬 것을 의미하며, 그것에 안주하고자 하는 경향을 의미한다.

슘페터의 혁신은 수명이 짧다. 그러므로 지속적으로 그리고 반복적으로 (심지어 그것이 관습이 될 정도로) 혁신을 시도해야 한다. 이러한 점에서 슘페터의 혁신은 기업의 관료주의에 대한 명확한 경고를 담고 있다. 거대 기업은 관료체제를 통해 안정을 꾀하지만, 이로써 기업가가 혁신을 실천하지 못하는 역설을 낳기 때문이다. 슘페터의 지적처럼, 오늘날 기업가의 혁신적 기능은, 생계를 담보로 한 모험가가 아니라 월급쟁이 관리자가 운영하는 거대회사의 행정기구로 대체되고 있다. 지속적인 혁신은 관료화를 극복하려는 현대 경영에 많은 점을 시사한다.

비노조경영에 던지는 슘페터의 시사점

비노조경영의 철학을 탐색하는 데 슘페터주의를 우선적으로 꼽은 이유는 그가 강조한 혁신과 기업가 정신이 비노조경영이 추구해야 하는 인재철학과 맥락이 같기 때문이다. 비노조경영의 인간관도 슘페터의 기업가상과 매우 유사하다. 슘페터의 기업가는 보상을 위해 또는 보상만큼 노력을 기울이는 합리적 존재가 아니라, '무언가 새로운 것을 만들어나가는' 과정을 중시하고 창조에 대한 의지를 실현하고자 하는 자립형 인재다. 이는 비노조경영이 만들어나가야 하는 구성원의 모습이기도 하다.

비노조경영이 추구하는 인재의 잠재역량은 투자와 결합될 때 비로소 현시역량으로 전환되며, 구성원의 잠재역량을 이끌어내기 위한 투자는 과감하고 지속적이어야 한다. 슘페터의 기업가적 인재도 구성원에 대한 투자가 지속될 때 가능하다. 비노조경영은 '투자=비용'이라는 근시안을 벗어나야 한다. 또한 투자 직후의 성과를 바라는 조바심을 극복하고, 경기가 조금이라도 침체되면 훈련 예산부터 줄이는 성급한 처사도 지양해야 한다.

슘페터의 기업가적 인재도 차별화된 역량인 창의와 소통이 필요하다. 창의는 구성원의 잠재역량을 발견하고 이를 현시역량으로 전환하는 데 가장 중요한 계기를 마련하며, 소통은 구성원의 개별적 창의를 새롭게 결합할 수 있는 공간 혹은 망$_{net}$ 역할을 하기 때문이다. 개인의 창의가 조직의 브레인으로 발전하기 위해서는 끊임없는 소통이 필요하다. 소통을 통해 개인은 창의성을 발휘하고, 이 창의성은 조직 차원의 창의로 발전된다.

, 슘페터주의에 대한 해석을 확대하면, 기업의 노사관계 시스템은 노동을 관리하는 도구에 머물러서는 안 되고, 경영목표를 지원하는 전략적 도구로 그 지위가 격상돼야 한다. 실제로도 노동을 통제하고 감시하는 노무관리 차원에서 기능하는 경우가 많다. 그러나 지식경제화가 진전됨에 따라 구성원의 역할이 기업의 존속을 결정하는 시대가 됐기 때문에 노사관계 시스템을 전략 시스템으로 발전시킬 필요가 있다.

그러므로 비노조경영은 노사관계 시스템을 기업의 존속과 시장에서 경쟁력을 확보하기 위한 전략적 기능을 수행할 수 있도록 발전시켜야 한다. 이를 위해서는 노사관계 시스템을 비용 센터가 아닌 가치 창출을 위한 중심에 세워야 한다. 이는 노사관계 시스템을 슘페터의 시각으로 조명함으로써 가능해진다. 즉, 기존의 노동조합과 기업 간 관계를 개별 구성원과 기업 간 관계로 새롭게 바라보는 것이며, 이를 토대로 분배 위주의 이익대표체제를 생산성 위주의 이익대표체제로 전환시키는 창조적 파괴의 과정을 의미한다.

슈페터의 기업가적 혁신은 비노조경영을 정립하는 데 경영자의 의지와 역할이 중요함을 일깨운다. 인재중심의 철학을 세우고 이를 실천할 수 있는 전략적 수단을 마련해 지속적으로 투자해나가는 데 경영자의 의지와 역할이 반드시 개입돼야 하기 때문이다.

슈페터의 철학이 비노조경영에 제시하는 또 다른 의미는 경영의 관료화에 대한 경계다. 비노조경영은 창의와 소통이 살아숨쉬는 경영으로 발전해야 한다. 이는 비단 성과를 창출하는 데만 목적을 두지 않는다. 슈페터는 관료화를 자본주의를 쇠락에 이르게 하는 원인으로 보았다. 혁신의 가능성을 제거하기 때문이다. 비노조경영이 새로운 정책으로 발전하기 위해서는 관료화에 대해 경계해야 하며, 창의를 발현시키는 원활한 의사소통 체계를 구축해야 한다. 비노조경영은 새로운 형태의 산업민주화를 통해 기업의 관료화를 막고, 기업과 구성원의 원활한 의사소통체계를 발전시켜야 한다는 점에서 슈페터주의는 많은 것을 시사한다.

갈등의 순기능과 소통

갈등이론을 왜 고찰해야 하는가

갈등은 인간사회의 자연스러운 현상이다. 이는 병리적 현상이 아니며, 항상 제거돼야 할 악惡도 아니다. 그러므로 갈등을 '관리의 대상'으로 봐야 한다. 관리의 대상으로서 갈등은 긍정적인 역할을 하는 순기능적인 측면이 있다. 즉, 조직 내의 잠재된 모순과 대립을 드러내게 하여 바람직한 변화의 계기로 활용할 수 있다. 비노조경영이 갈등의 개념을 새로이 정립해 순기능을 제대로 활용하기만 한다면 발전적인 소통의 길을 열 수 있다. 갈등은 소통의 시작이다. 갈등의 본질을 이해하지 못하면 불통의 늪에 빠지기 때문이다.

갈등이론은 갈등에 대한 이론적 고찰을 풍부하게 담고 있다.

기능주의가 전제하는 합의와 균형, 항상성恒常性에 대한 전제를 부정하고, 사회를 이익의 갈등과 긴장 관계로 보고 있으며, 사회 변화는 갈등을 통해 이뤄짐을 강조한다.

기능주의를 주창한 탤컷 파슨스Talcott Parsons는 갈등을 일시적인 불균형 상태로 봤다. 갈등은 역기능을 불러오는 병리적 불균형이며 언제나 일시적이다. 이는 사회가 균형에 대한 욕구로 갈등을 '항상' 자연스럽게 해소하기 때문이다.

반면, 갈등이론은 사회를 무질서가 항상 존재하는 불균형한 상태의 연속으로 본다. 그러므로 갈등은 병리적인 현상이라기보다는 필연적이고 보편적인 현상이다. 기능주의적 접근과 달리 사회는 '잘 짜인 체계'가 아닌 '늘 변화하는 불안정한 체계'로 본다. 경제적인 이해관계나 정치적인 권력관계를 둘러싸고 늘 갈등이 발생한다. 그러나 그 갈등은 사회를 더욱 발전적인 상태로 변화시키는 계기를 마련한다. 따라서 필연적인 갈등을 받아들이고 이를 관리함으로써 발전적 변화를 이끌어내는 것이 더 중요함을 강조한다.

마르크스의 갈등과 소외

갈등이론은 칼 마르크스Karl Marx, 조지 짐멜Georgy Simmel에서 시작됐으며, 대표적인 이론가는 랄프 다렌도르프Ralf Dahrendorf와 루이스 코저Lewis Coser 등이다. 갈등에 대한 과학적 체계를 세운 이론가는 마르크스다. 경제사와 철학사에서 마르크스가 차지하는 비중은 절대적이라 할 만큼, 그의 이론은 많은 분야에 영향을 미쳤다. 특히 갈등에 대한 그의 과학적 시각은 갈등의 본질을 이해하는 데 유용하다.

마르크스는 사회를 갈등하고 긴장하는 사회 세력들의 동적인 균형 상태로 보았다. 다윈이즘Darwinism으로부터 많은 영향을 받은 그는 사회의 발전도 진화의 과정과 다를 것이 없다고 보았다. 역사의 진화 과정은 점진적 개선이 아닌 단절적 개혁으로 이뤄졌으며, 인간사회의 역사는 대립하는 계급 간 투쟁을 통해 발전해왔음을 주장했다. 마르크스는 계급을 역사의 발전 과정에서 단계마다 나타나는 특수한 형태로 이해했다. 따라서 한 사회의 독특한 구조와 생산관계에 따라 지배 계급과 피지배 계급이 구성되며, 계급의 특성은 사회가 바뀔 때마다 변한다.

또한 자본주의 사회는 생산 수단인 자본의 소유 여부와 자본제적 생산관계를 중심으로 자본가 계급과 노동자 계급으로 구성된다. 노동자 계급은 생산 수단이 없어 노동력을 팔지 않고서는 생계를 유지할 수 없는 무산자다. 자본가 계급은 잉여노동을 착취해 재생산을 위한 부를 축적하는 반면, 노동자는 생산의 주체임에도 불구하고 생산 수단의 부재와 자본제적 소유 양식으로 늘 착취당하는 존재다. 마르크스의 시각에서 보면, 작업장에서의 갈등은 자본과 노동의 계급적 갈등이며, 이는 자본제적 소유 구조가 타파되고 새로운 사회로 진보할 때까지 해소될 수 없는 갈등이다.

자본주의 사회의 모든 갈등관계와 함께 마르크스는 작업장의 개별적인 갈등에 과학적 분석을 시도했는데, 그 핵심은 소외다. 소외는 청년 마르크스의 중심 주제로, 인간은 자신이 속한 모든 곳에서 소외에 직면한다고 보았으며, 특히 작업장에서의 소외를 가장 중요하게 여겼다. 인간은 무언가를 만드는 존재Homo Faber이기 때문이다.[30]

"헤겔의 현상학이 이룬 가장 두드러진 공적은 (중략) 헤겔이 인간의 자기 창조를 하나의 과정으로 파악했고, (중략) 따라서 그가 노동의 본질을 간파하고 객관적인 인간을 (중략) 그 자신의 노동의 결과로 인식했다는 점에 있다."[31]

마르크스가 발견한 소외는 헤겔의 정신적 차원의 소외를 넘어 모든 관계에 널리 퍼져 있다. 노동에서의 소외는 노동자가 생산한 생산물로부터의 소외, 생산 과정으로부터의 소외, 노동자 자신으로부터의 소외 그리고 동료들로부터 소외 등 작업장 모든 곳에 있다. 생산물로부터의 소외는 생산물을 자본의 소유주인 자본가가 독차지하기 때문이며, 생산 과정으로부터의 소외는 생산의 주체인 노동자가 생산 과정에 대한 통제권을 갖고 있지 못하기 때문이다. 노동자 자신으로부터의 소외는 생산물과 생산 과정으로부터 소외당한 결과다. 이로써 노동 과정이 자아를 실현하는 데 전혀 도움이 되지 못하고 의미조차 사라져 노동자 자신을 부정하게 된다. 애써 일을 했지만 생산물은 자신의 것이 되지 못하고, 생산 과정에서 어떠한 결정도 판단도 내릴 수 없게 되므로 정작 노동자들의 의지로 변화시킬 수 있는 것은 아무것도 없다. 결국 노동은 재미도 의미도 없는 고된 괴로움일 뿐이다.

"노동자와 행위와의 관계에서, 행위가 노동자와 무관한 외부적인 어떤 것으로, 행위가 괴로운 것(수동적인 것)으로, 힘이 무력함으로, 창조가 나약함으로, 노동자의 육체적·정신적 힘과 개인적 삶이 노동자와는 독립적이고 무관한 그리고 노동자에게 대적하는 행위로 나타나는 관계다."[32]

미국의 역사가이자 작가인 스터드 터겔Stud Terkel은 시카고 근교에서 선반공을 일을 하던 37세 마이크 레페브르Mike Lefevre를 인터뷰했다. 마르크스가 발견한 소외는 마이크라는 노동자에게서도 고스란히 발견된다.

"집을 지은 사람들은 '저기 보이는 빌딩이 내가 지은 것이고, 몇 개의 통나무가 들어갔고'라고 말하면서 자신이 지은 빌딩을 자랑스럽게 생각할 거예요. 하지만 저는 '자랑스럽다'라는 생각이 들지 않아요. 단지 내가 하는 일의 한 부분이니까. (중략) 난 생산직 일을 하고 있어요. 내가 하는 일의 목적도 모른 채 말이죠. 정말 무언가가 어디에서 와서 어디로 가는지도 모를 정도로 일을 할 뿐이에요. 다른 사람들도 내가 하는 일을 인정해주지 않을 겁니다. 하루 종일 일을 해요. 그리고 집에 돌아오죠. 잠을 자고 다시 일하러 나갑니다."[33]

현대경영은 마르크스가 관찰한 초기 자본주의의 경영과 다르지만, 소통의 관점에서 볼 때 소외는 예전과 다름없이 의미 있는

고민거리를 던진다. 특히 터겔의 지적처럼 작업장에서의 소외는 여전히 극복해야 할 과제다.[34]

코저와 달렌도르프의 갈등에 대한 해석

마르크스 이외에도 많은 이론가들이 갈등에 대한 다양한 해석을 내놓았다. 달렌도르프는 사회에 늘 갈등이 존재하는데, 갈등을 사회 변동을 일으킬 만큼 변화를 추동하는 힘으로 보았다. 기본적으로 갈등에 대한 해석은 마르크스와 유사하지만, 마르크스는 계급투쟁을 통한 사회 변혁을 중시했다는 점에서 구별된다.

코저는 갈등주의와 기능주의의 결합을 시도했다는 점에서 주목할 만하다. 그는 사회의 갈등은 사회체계를 재통합해 사회의 불균형을 해소하고 사회의 질서를 회복하는 순기능이 있다고 보았다. 그리고 갈등은 집단결속 기능과 집단보전 기능을 한다고 보았다. 집단결속 기능은 집단 간의 경계를 확실하게 해 집단 결속력을 높인다. 조직이론에서 부분적으로 받아들여지는 집단보전 기능은 구성원들이 적의나 이의, 불만을 표출할 수 없다면 집단에 의해 지배당한다고 인식함에 따라 집단적 위축이 발생하고, 코저는 이러한 '갇힌 적대감'을 해방시킴으로써 관계 유지를 더욱 촉진시킬 수 있다고 보았다.

갈등관리와 제도화

제도주의 경제학적 관점에서 노사관계를 연구한 대표적인 학자는 커먼스J. Commons다.[35] 커먼스는 노동문제를 자본주의 경제의 가장 근본적인 문제로 인식했다. 따라서 자본주의가 붕괴한다면 그 원인은 자본과 노동 간 갈등에서 비롯된다고 보았다. 따라서 자본주의의 안정성을 높이기 위해서는 노사갈등을 해결할 수 있는 장치를 갖추는 것이 중요하다. 커먼스가 노동자의 근로조건에 임금 등 물질적 요소뿐만 아니라 작업장에서의 갈등을 관리할 수 있는 제도를 포함한 것은 이 때문이다. 실제로 근로조건에 단체교섭제도나 노사협의와 같은 갈등관리제도이자 소통제도가 포함된 것은 커먼스의 공이 크다.

커먼스는 산업관계로서의 노사관계는 본질적으로 갈등이 존재하므로 갈등을 관리할 수 있어야 함을 강조했다. 갈등→관리할 수 있는 갈등→해소를 위한 제도화(갈등관리의 제도화)를 체계화할 수 있다면, 갈등은 조직을 파괴시키지 않으며 발전적인 변화를 이끌어나간다. 다시 말해, 커먼스의 갈등관은 갈등의 역기능과 순기능을 모두 수용하며, 노사관계에서는 갈등의 역기능이 자본주의를 파괴시킬 가능성이 있으므로 갈등을 관리하는 제도화된 틀이 필요함을 강조한다.

변화를 이끄는 촉매, 갈등

비노조경영이 추구하는 소통은 차이를 극복하고 공유할 수 있는 상태를 만드는 과정이다. 차이는 갈등을 불러오는 만큼, 비노조경영은 '갈등은 자연스런 현상이며 발전의 계기로 활용될 수 있다'라는 갈등의 본질을 받아들여야 한다. 갈등은 드러내는 것보다 잠재되어 있을 때 더 위험하며, 갈등을 억압하는 제도는 더 큰 갈등을 만들어낸다. 바꿔 말해, 갈등은 자연스러운 현상이므로 갈등을 드러내는 것은 수치스러운 일이 아니며, 오히려 발전적 계기로 작용할 수 있다. 그러므로 비노조경영은 이와 같은 갈등의 새로운 측면을 이해하여 건설적인 변화를 이끄는 촉매로 갈등을 활용해야 한다.

현대 경영은 다양한 작업장의 갈등을 해소해야만 지속가능한 경영을 달성할 수 있다. 사회가 복잡해질수록 성姓의 다양성, 세대의 다양성, 상하 간의 차이, 역할 갈등 같은 다양한 이질성이 나타나는데, 이를 효과적으로 관리해야 한다. 특히 세대 간의 차이는 현대경영이 주목해야 할 과제 가운데 하나다. 이미 작업장에는 3~4개의 다른 세대가 공존하고 있다. 이들은 각기 경험이 다르기 때문에 일에 대한 가치관도 서로 다르다. 그러나 이러한 세대 차이를 자연스러운 것으로 인식하지 않는 한 해소하기 어렵다. 여기에 갈등이론에 기초한 소통의 철학이 필요하다.

커먼스의 제도주의가 강조한 갈등관리의 제도화는 갈등을 파괴적 분산으로 나아가게 하지 않고 건설적 발전으로 유인하는 제도화된 틀이다. 갈등을 관리가 가능한 갈등으로 그리고 역기능에 대한 새로운 인식을 통해 발전 가능성으로 전환시키는 노력이 필요하다. 갈등관리의 제도화를 위해서는 다양한 형태의 의사소통 구조와 메커니즘을 발전시킬 필요가 있다.

비노조경영이 주목해야 할 또 하나는, 작업장의 소외는 소통을 통해 해결해야 한다는 점이다. 마르크스가 제시한 4가지 소외는 모두 소통의 문제다. 생산물의 전유는 생산에 대해 정당한 대가를 지불하고 자본 참여 같은 경영 참여를 통해 해소할 수 있다. 잉여의 정당한 분배에 대한 소통인 셈이다. 생산 과정에서의 소외는 일과 노동자 간의 불통이다. 이로써 일에서 재미와 의미를 발견하지 못하는 것은 삶의 불통이다. 이를 해소하기 위해서는 창의성을 발휘할 수 있는 자율과 참여의 기회를 획득해야 한다. 그리하여 궁극적으로 자아를 실현할 수 있어야 한다. 이것이 일과 자아와의 소통이다. 동료로부터의 소외는 동료와의 불통이다. 동료와 경쟁하되 협력할 수 있는 정당한 제도와 협업의 기회를 만들어내고, 공동체 의식을 이뤄나갈 수 있는 소통을 해야 한다.

유교적 공동체주의,
배려와 화해의 철학

공동체주의를 탐색해야 하는 이유

최근 리먼 사태로 촉발된 금융위기로 공동체주의에 대한 관심이 한층 더 높아졌다. 신자유주의에 대한 반성과 새로운 대안이 그 어느 때보다 절실해졌기 때문이다. 신자유주의는 시장근본주의라 불릴 만큼 시장의 절대적 자유, 강자의 절대적 우위를 신봉했고, 이로써 양극화 심화, 공동체 존립 기반 파괴 같은 사회적 부작용을 일으켰다. 이렇듯 신자유주의의 부작용이 심화되면서 개인과 공동체의 조화로운 발전을 모색해야 한다는 주장에 힘이 실리고 있으며, 공동체주의에 대한 관심이 증가하고 있다.

비노조경영은 공동체주의 철학에서 의미 있는 통찰을 탐색해야 한다. 비노조경영이 잘못 발현될 경우, 신자유주의적 오류에

빠질 가능성이 높기 때문이다. 즉, 개인의 창의와 경쟁을 극단적
으로 강조할 경우, 공동체의 가치를 침해하는 이기주의로 전락할
위험이 있다는 뜻이다. 또한 인재 지향적 접근은 경쟁에서 탈락
한 구성원들을 경시할 수 있다. 조직 내에 강자와 약자의 대립을
불러오거나 양극화로 인한 상대적 박탈감을 키워 성과가 부진한
C-플레이어*를 양성하기도 한다. 협업을 위한 파트너십에도 부
정적 영향을 미치므로 구성원 간의 경쟁이 파괴적인 쟁투로 이어
져 경쟁의 가치가 폄하될 수도 있다.

　비노조경영은 개인의 창의와 건강한 경쟁을 기반으로 삼으면
서도 기업이라는 공동체의 발전을 이뤄내며 나아가 지역사회와
국가라는 더 큰 공동체의 발전에 기여해야 한다. 이를 지속적으
로 실천할 때 내부 및 외부에서 사회적 정당성을 획득할 수 있고,
비로소 바람직한 노사관계 정책으로 자리 잡을 수 있다.

공동체주의란 무엇인가

공동체주의란 극단적 개인주의를 지양하고, 공동체와 개인의 조
화로운 통일을 모색하는 모든 관점을 통칭한다. 자유주의 또는
(보수적) 집단주의와 비교해보면 공동체주의의 특징이 두드러진다.
공동체주의는 개인을 공동체의 한 구성원으로 보며, 공동체 없이

---

* 업무 능력이 떨어지는 직원으로, A · B · C 3등급으로 구분하는 고과평가에서 C등급을 받는 '일 못하는 사
람'을 의미한다.

는 개인이 존재할 수 없다는 점을 중시한다. 따라서 개인의 자유는 중요하지만 항상 절대적으로 보장되지 않으며, 공동체의 존재와 질서가 개인을 일정 정도 규율하고 있음을 강조한다. 개인의 신념이나 가치도 개인 스스로 형성하는 것이 아니라 공동체에 의해 학습된 결과로 본다. 반면, 자유주의는 인간은 절대적 존재이므로 개인의 자유는 그 자체로 선善하며, 절대적으로 보장돼야 하는 최고의 가치로 본다. 보수주의는 개인의 존재나 개인 간의 차이를 부정하고 집단의 가치를 우선시한다. 공동체주의는 개인의 독립성을 인정하되, 공동체와의 조화를 모색한다는 점에서 자유주의나 보수주의와 다르다.

한편, 문화와 역사의 차이로 동양과 서양의 공동체주의는 개인과 공동체의 관계에서 미묘한 차이를 보인다. 극단적 자유주의에 대한 안티테제로 발달한 서양의 공동체주의는 개인과 공동체를 각기 독립된 존재로 보고, 이 두 실체를 결합하는 데 중점을 둔다. 따라서 공동체의 발전을 위해 독립된 개인의 책임과 역할을 강조한다. 반면, 동양의 공동체주의는 개인과 공동체를 구별하지 않고 통합적 접근을 취한다.[36] 따라서 개인의 수기修己를 통해 자신을 바로 세워야 공동체도 바로 세울 수 있음을 강조하는 유가儒家적 성격을 띤다. 이는 유교적 공동체주의의 사상적 원류를 이루는 공자의 극기복례克己復禮에서 잘 나타난다.

공자는 전국시대의 혼란을 인仁의 철학으로 극복하고자 했던 정치사상가다. 전쟁의 혼란 속에서 도시국가를 세우고자 했던 공자는 공동체의 기초를 인으로 보았다. 전국시대는 한비자의 법가에 의해 진秦으로 통일되고, 공자는 현실적으로는 실패한 사상가가 됐다는 평을 받기도 하지만, 그의 철학은 오늘을 성찰하는 데 새로운 방향을 제시한다.

차이를 인정하는 인(仁)의 철학

인 사상은 유가의 핵심적 가치로서, 유교에서는 인을 어떻게 실현하는가에 초점을 두고 있다. 유교적 인이란 공자 이후로 타인에 대해 호의를 베푸는 것 혹은 동정심을 의미한다.[37] 공자는 인을 실천하는 방법으로 충서忠恕와 극기克己를 강조했다. 《논어》〈안연〉에는 "충서란 자기가 원하는 것으로 타자를 대하는 것, 자기가 원하지 않는 것을 타자에게 강요하지 않는 것"이라고 밝히고 있다. 전자는 적극적인 황금률로서의 인을, 후자는 소극적 황금률로서의 인을 의미한다. 이때 서恕는 헤아림을 말하며, 헤아림이란 소통의 근본이다.

인을 실천하는 방식인 극기는 자기에 대한 일면적 고착을 극복하고 타자(또는 사물)를 나 자신처럼 여기는 것이다. 주희의 《논어집주》에서처럼, "천지만물을 한 몸으로 여김으로써 어느 하나라도 자기의 일부가 아님이 없게 여기는 것이다." 극기는 타인에 대한 관계까지 발전하는데, 주희는 《대학》에서 "자기 자식의 단점을 알지 못하고 들판의 싹이 크게 자라나는 것을 알지 못한다. 즉, 좋아하면서도 그 사람의 단점을 알고, 미워하면서도 그 사람의 장점을 찾음으로써" 인을 행할 수 있음을 강조했다. 이처럼 인 사상은 타자의 존재를 인정한다. 공동체를 중시하면서도 공동체를 구성하는 구성원들 간의 차이를 인정함으로써 공존의 방법을 구성원 스스로 모색하게 한다. 공동체를 우선시하면서 구성원 개인의 존재와 그들 간의 차이를 부정한다면, 인 사상은 나치즘과 같은 집단적 전체주의에 빠질 수 있다.

개인의 이익과 공익의 조화

공동체주의를 이해하는 데 중요한 요소는 개인과 공동체 간의 관계다. 개인은 공동체를 구성하므로, 개인을 배제한 공동체는 존재할 수 없다. 공동체는 개인을 가장 개인답게 만든다. 개인이 성장할 수 있는 기회와 자원을 제공하며, 개인의 삶에 안정과 의미를 부여한다. 한편, 공동체 없는 개인 또한 존재할 수 없다.

개인과 공동체 간의 관계는 사익(개인의 이익)의 추구와 공익(공동체의 이익)의 관계로 확장된다. 공자는 사익을 부정하지 않았지만, 공적 의로움보다 앞선 사익 추구를 경계할 것을 강조했다. 공적 의로움을 전제하지 않는 사익은 갈등을 일으키고 공동체를 해체할 수 있기 때문이다.[38]

공자의 공적 의로움은 맹자에 와서 리더가 갖추어야 할 실천적 덕목으로 발전했다.[39] 맹자는 사회 지도층의 행위덕목으로 어짊과 공적 의로움을 중시했다.[40] 특히 리더가 사익을 추구하지 않고 공동체의 선善을 이루기 위해 행동할 때 공동체주의를 이룰 수 있다고 보았다.

공자와 맹자의 사상에 기초해보면, 공동체주의는 공동체의 존재와 이익을 중시하지만, 개인의 존재와 이익을 부정하지는 않는다. 오히려 개인의 자유를 인정하며, 공동체의 발전을 위한 개인의 책임을 요구한다. 그 책임은 맹자가 강조하듯이 백성들보다는 지도자에게 요구된다.

경쟁과 어울림

경쟁은 인간사회의 가장 자연스런 현상 가운데 하나다. 신고전경제학은 물론 제도주의도 경쟁을 자원의 희소성에서 비롯된 자연스런 현상으로 받아들인다. 그러나 경쟁이 극단적으로 강조될 경우 공동체의 기반이 흔들리고, 이로써 경쟁에 대한 이해가 달라진다.

전통적으로 자유주의자들은 경쟁의 원리를 강조할 뿐만 아니라, 경쟁 결과에 따른 차이도 적극적으로 받아들인다. 유교적 공동체주의에서는 경쟁보다는 화해의 원리를 중시한다. 다양한 성분과 소리가 고유한 특성을 잃지 않으면서 적절하게 어우러져 통일된 하나의 맛과 화음을 만들어내는 음악과 같이, 성향이 다른 사람들이 각자가 속한 사회를 건강하게 유지시키기 위해 생각의 차이를 평화롭게 조율하는 것을 중시한다.

《논어》〈이씨〉에는 "적은 것을 염려하지 않고 고르지 못함을 걱정하며, 가난함을 근심하지 않고 평안하지 않음을 근심한다.

고르면 가난함이 없고, 어울리면 적음이 없으며, 편안하면 기울어짐이 없다"라고 적고 있다.

이러한 화해의 원리는 개인차를 인정하면서도 그 차이가 조화를 이루게 하는 데 그 가치가 있다. 화해의 원리로 보면, 경쟁은 상대를 이기려는 쟁투가 아니라 상대를 배려하고 서로 상생하는 기회가 된다. 공자는 경쟁을 승자 중심의 논리가 아니라, 고통 분담과 배려를 통해 패자를 독려하고 일으켜 세우는 통합의 논리임을 강조했다.

대동주의와 가족주의

유가적 공동체주의는 대동사회大同社會를 구축하는 데 이념적 목표를 둔다. 공자는 당시의 혼란을 설명하기 위해 '대동大同-소강小康-춘추春秋'의 3단계로 구분했다. 대동은 구성원이 자발적으로 조화를 이루는, 공자가 가장 이상적으로 본 사회다. 소강은 예법禮法을 통해 인위적으로 질서가 구현된 사회를, 춘추는 예법으로도 사회가 다스려지지 않는 패권 추구의 사회를 의미한다.[41] 공자는 전국시대의 혼란을 극복하고 잘 융합된 도시국가를 건설하기 위해 인을 통한 대동사회를 이루는 데 유가의 목적을 두었다. 이후 맹자는 공자를 완성하기 위해 대동주의를 실현할 수 있는 기초로 가족적 친근감을 중시하고 이를 사회로 확대할 것을 꾀했다.

대동주의와 가족주의는 개인(또는 구성원)의 자발적 협력을 기초로 이룰 수 있지만, 개인 간 협력이 이뤄지지 않으면 개인차를 무시하는 집단주의(또는 집단적 이기주의) 또는 구성원 간의 무조건적 일치를 강요하는 전체주의로 흐를 수 있다. 가부장주의, 집단주의, 연고주의, 국가중심의 전체주의는 대동주의가 잘못 흘러간 예다.

올바른 대동주의는 민주적 질서가 이미 확립되고, 구성원들이 의사를 자유롭게 표현할 수 있으며, 이를 통해 개인차를 인식하고 공동체의 이름으로 극복할 때 가능하다. 이는 《논어》의 화이부동和而不同에서 잘 드러난다. 다른 것과 화합해도 같아져서는 안 된다는 화이부동은 개인과 공동체 간의 본질적인 핵심이다.[42] 전체의 화和만을 극단적으로 추구한 채, 개별의 부동不同을 경시하면 헛된 권위주의나 강권주의가 스며들 수 있다. 특히, 타인과 다름을 배려하지 않고서 획일화된 통제에 길들여진 닫힌 체계의 친화감을 유가의 인으로 잘못 해석해서는 안 된다.

유교적 공동체주의와 비노조경영

비노조경영은 개별주의에 기초하므로 공동체적 가치와 충돌할 가능성이 있다. 나아가 극단적 시장주의의 오류에 빠질 수도 있다. 그러므로 비노조경영은 유교적 공동체주의를 세심하게 고찰하고 더욱 발전시켜야 한다.

우선, 어울림의 철학을 발전시켜 공정의 원리가 극단으로 치닫는 것을 경계해야 한다. 공정의 원리는 경쟁으로 인한 합리적 차이를 긍정한다. 그러나 이에 앞서 구성원들이 경쟁할 수 있는 역량을 함양해야 한다. 기업에서는 구성원들이 이 역량을 기를 수 있도록 투자해야 한다. 이런 조건이 이루어질 때 공정한 경쟁과 합리적 차이가 받아들여진다.

둘째, 어울림의 철학에 기초해 경쟁에 대한 새로운 개념을 세워야 한다. 경쟁은 파트너 간에 건전하고 공정해야 한다. 유교적 공동체주의는 경쟁을 서로를 세우고 상생할 수 있는 기회로 바라보고 있다. 만일 승자독식의 쟁투적 경쟁으로 치달을 경우, 구성원의 협동과 파트너십은 기대하기 어렵다. 심지어 기업이라는 공동체를 해체의 위기에 몰아넣을 수도 있다.

셋째, 경쟁에서 얻은 승리와 성과를 지나치게 개인화하는 것도 경계해야 한다.[43] 경쟁에서 승리한 것은 승자의 역량 때문만이 아니다. 경쟁의 공간과 질서를 창출하고 자원을 제공하는 공동체의 도움을 받았기 때문이다. 승자는 성공의 결실을 독점하고, 패자는 다시 일어설 수 없는 상황이 지속된다면 더는 의미 있는 경쟁이란 없다. 비노조경영은 경쟁의 패자를 배려하고, 기회 부여와 역량 투자로 보상함으로써 다시 경쟁에 나설 수 있도록 해야 한다.

넷째, 비노조경영은 공동체를 구성하는 역량 있는 개체(기업 단위)가 돼야 한다. 유교적 공동체주의는 개체의 존재를 인정하되 공동체와 개체의 공생발전을 전제하므로 비노조경영은 하청업체, 협력업체, 지역사회, 국가사회와의 조화로운 관계를 유지해야 한다. 비노조경영이 구성원의 행복과 복리에만 매몰될 경우,

엘리트주의와 집단이기주의에 빠질 가능성이 있다는 점은 이미 언급했다. 원청-하청 간 부당거래관행, 청년실업, 지역사회와 국가에 대한 사회적 책무 등은 비노조경영이 우선적으로 끌어안아야 할 사회적 의제다. 기업과 공동체 간의 관계를 정립하는 것은 이러한 점에서 중요한 의미를 지닌다.

다섯째, 맹자가 말하듯이 경영자가 공적 의로움을 위해 자신을 버리는 리더십을 발휘하지 못하고, 사익에 사로잡혀 구성원 개개인과 기업이라는 공동체의 발전을 꾀하지 못하다면 비노조경영은 제대로 달성되기 힘들다. 유가의 가족주의를 추구하고자 한다면, 가족주의가 가부장주의로 흐르지 않고 가족의 장점인 따스함을 살림과 동시에 구성원들이 최선을 다할 수 있게 이끄는 진정한 가족주의 실현 방안을 모색해야 한다.

PART 2

비노조경영의
실천적 해법

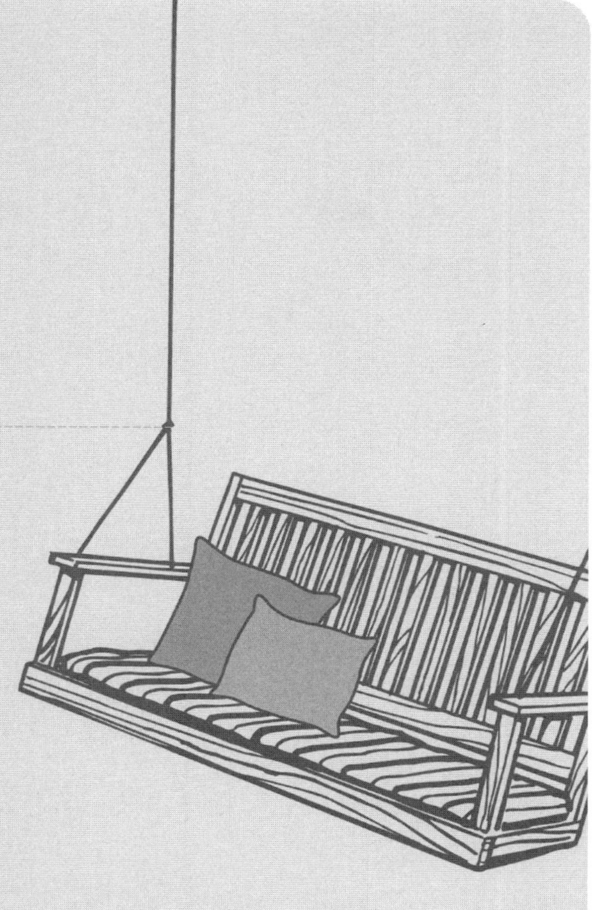

Chapter 4

인재철학은 무엇으로
완성되는가

가치사슬의 제일 위에는
구성원이 있다

소비자와 고객

'고객'이라는 가치가 경영의 최우선 순위를 차지하기 시작한 것은 1980년대 이후부터다. 그 이전까지는 소비자 개념이었을 뿐이고, 공급자가 소비자보다 우위를 점했다. 특히, 포드주의가 전후 자본주의를 이끌면서 소비자의 선호나 관심은 기업에 의해 결정되곤 했다. 유행이란 것도 당시에는 기업이 결정하는 코드였으며, 고객은 유행으로부터 소외되지 않기 위해 자신의 선호도와 관계없이 이를 소비하는 수동적 입장이었다.

기업과 소비자의 힘의 관계에 균열이 생기기 시작한 것은 1970년대 2차례의 석유 위기를 거쳐 자본주의의 약한 고리가 깨지면서다. 석유 위기는 대량생산을 뒷받침한 대량소비라는 고리를 끊어넘으로써 자본주의를 위기에 빠뜨렸다. 이 위기를 극복하기 위해서는 더욱더 소비가 이뤄져야 했고, 이를 위해 국경을 뛰어넘어 시장을 확대해야 했다. 이른바 세계화 과정이다. 미국 등 선진 자본주의 국가의 거대 기업들은 지구를 커다란 단일 소비시장으로 재편함으로써 활동영역을 넓히려 했고, 이는 관세장벽 철폐, 다자간 무역기구 발족, 양자무역협정 등으로 이어졌다. 민족국가가 자국 기업의 소비를 보장하는 울타리 역할을 못 하게 되자, 세계 각국의 기업들은 경쟁을 받아들여야 했다. 그 경쟁에서의 생존은 소비자로부터 선택되는 것을 의미한다.

소비자가 기업의 생존을 결정하는 우위를 점하기 시작하면서 소비자는 비로소 '고객'이 됐다. 개인용 컴퓨터, 휴대전화, 인터넷 같은 정보통신기술의 발달은 고객인 소비자에게 권력을 부여했다. 인터넷을 활용해 자신이 원하는 바를 다양한 형태로 맘껏 표출하는 자유를 얻었을 뿐만 아니라, 자신의 기호에 부합하는 상품과 서비스를 값싸게 공급하는 기업을 손쉽게 찾을 수 있게 됐다. 기업에 대한 처벌도 정보통신혁명이 소비자에게 제공한 집합적 권력이다. 과장이나 허위로 광고를 하거나 약속을 지키지 않거나 바람직하지 않은 행위로 구설수에 오른 기업들은 순식간에 소비자들로부터 멀어졌다. 소비자는 공급자를 결정하고 인도하며 때로는 처벌하는 막강한 실체인 고객으로 거듭났다.[44]

노드스트롬의 종업원우선주의

고객감동이란 구호는 더는 새롭지 않다. 이른바 고객우선주의인 고객감동은 오랫동안 기업 경영을 이끄는 가치였다. 고객우선주의는 이제 종업원우선주의로 대체되고 있다.[*] 종업원은 다양한 지위를 갖는다. 계약에 따라 일정한 노무를 제공하고, 그 대가로 임금을 받으므로 노동자다. 기업에서 직접 생산을 담당하는 주체로, 이들 없이는 유효한 생산이 이뤄질 수 없으므로 기업의 존속과 관련해 한 축을 담당하는 구성원이다. 기업의 발전은 경영자의 리더십뿐만 아니라, 종업원의 팔로우십Followership, 주인의식, 기업과 동일시하고자 하는 자발적인 의식에 달려 있으므로 기업의 발전을 책임지는 파트너이기도 하다. 종업원은 임무를 수행하도록 권한과 책임을 부여받으며, 이를 효율적으로 수행하는 기업의 일부이므로 직원이다. 소비시장에서는 구매력을 가지므로 때로는 외부고객이다.

이처럼 종업원은 다중적인 존재다. 그 다중성은 기업의 존속을 유지하는 핵심이다. 종업원우선주의가 고객우선주의를 대체하게 된 것은 이런 이유 때문이다.

고객우선주의를 실천하는 대표 기업인 노드스트롬Nordstorm 백화점은 20세기 최고의 작품으로 극찬을 받았다. 이런 노드스트롬에게도 많은 어려움이 있었다. 1990년대 중반 이후, 급격한 매출

---

[*] 사실 종업원이라는 말은 어감이 좋지는 않다. 다만 종업원이란 무언가에 구속되어 따르는 일을 수행하기 때문에 이 측면을 놓치지 않기 위해 굳이 종업원이라는 표현을 쓴다.

하락에 직면했고 급기야 2000년에는 사상 최대의 매출 감소를 감수해야 했다. 가장 위대한 백화점이라는 명성이 빛을 바랠 위기에 처한 것이다. 창업 가문 4세대인 블레이크 노드스트롬Blake Nordstrom은 위기 극복을 위한 새로운 조치를 단행했다. 그 핵심은 고객 서비스 개선과 이를 실천할 직원의 전문화, 획기적인 재고 관리 시스템, 고객 신뢰 회복이다. 특히 고객의 신뢰를 회복하는 데 역점을 둔 노드스트롬은 침체의 질곡에서 벗어나기 위해 고객 우선주의라는 철학을 재조명했다.[45]

노드스트롬은 "어떤 상황에서도 회사보다 고객에게 이익이 되는 최선의 판단을 내리는 것이 유일한 규칙"이라는 최고의 규칙을 내세웠는데, 이외에는 어떤 다른 규칙이 없다. 오로지 고객의 이익을 위해 최선의 판단을 내리라는 명제다. 표면상으로는 외부 고객의 가치 창출을 천명한 것으로 보이지만, 판단의 권한을 직원에게 전적으로 부여했다는 점에 주목할 필요가 있다.

고객의 가치창출은 어떻게 이뤄지는가? 노드스트롬에서는 이에 대한 판단이 경영자도 시스템도 아닌, 직원들에게 달려 있다. 직원들에게 재량권을 부여하고, 그것을 올바르게 사용할 수 있도록 끊임없이 투자하는 것이 고객가치 창출의 열쇠임을 노드스트롬은 100년의 역사를 통해 깨달은 것이다. 이는 곧 종업원우선주의, 종업원이 스스로 판단하고 행동할 수 있는 기회와 공간을 제공하는 것이다. 이 기회와 공간이 효과적으로 작동할 수 있도록 직원들의 역량에 투자하는 노드스트롬은 채용에 대한 접근도 다르다.

"좋은 사람을 선발해서 판매하는 방법은 가르칠 수 있습니다. 그러나 판매만 잘하는 직원을 좋은 사람으로 만들 수는 없습니다. 우리의 기준에 적합하지 않은 사람이 계속 남아서 일하게 하는 것보다 차라리 지더라도 소송을 당하는 것이 낫습니다. 우리 회사에 적합하지 않은 직원들은 동료에게 영향을 미쳐 부적합한 사람으로 만들어버리기 때문입니다."[46]

노드스트롬의 채용은 역량보다는 소양중심적*이다. 직원이 소양을 갖췄을 때 재량을 부여할 수 있고, 그 재량을 올바르게 행사하게 하는 투자도 소양을 갖춘 인재가 효과적이기 때문이다. 여기서 소양은 노드스트롬의 가치에 동의하고 이를 실천하고자 하는 마음가짐이다.

노드스트롬의 사례는 최근 경영학의 한 변화인 '고객관계관리 CRM, Customer Relations Management에서 종업원관계관리ERM, Employees Relations Management'를 추동하는 계기가 됐다. 고객관계관리는 드러커를 비롯한 여러 경영학자가 강조해온 기업의 핵심목표다. 고객이 있어야 기업도 있다는 것으로, 이 명제는 명백하고 당위적이다. 반면 종업원관계관리는 '그 고객이 있게 하는 문제'를 종업원의 관점에서 새롭게 바라본다. 고객의 가치 창출이 고객의 행복

---

* 이를 이분법적으로 이해해서는 곤란하다. 역량과 소양 모두 버릴 수 없는 가치다. 다만 어느 것이 더 규정적 인가의 문제만 있을 뿐이다.

에 있다면, 고객이 행복하기 위해서는 먼저 종업원이 행복해야 한다는 것이다. 즉, 고객의 가치 창출을 위해 가치사슬의 중심에 종업원을 두는 것이다. 종업원관계관리의 의미와 효과는 기업 경영에서 소리 없는 혁명과도 같다. 직무에 대한 만족도가 높은 종업원일수록 기업의 가치를 자신의 가치와 동일시하고 의욕을 고취하며, 더욱더 동기부여를 하고 고객관리에도 헌신적이라는 것이다. 한편, 종업원 관리에 성공하는 기업이 능력이 뛰어난 직원들에게 매력적임을 강조한다.

종업원관계관리가 고객의 행복보다 종업원의 행복에 우선순위를 둔다고 해서 고객보다 기업에 소속된 직원을 우선시한다고 잘못 받아들여서는 안 된다. 여기서 중요한 것은 '행복'이다. 행복한 종업원이 자신의 행복을 고객에게 전달할 수 있으며, 그 행복이 매개가 되어 고객을 기업의 팬이자 편으로 만들 수 있다는 뜻이다.

이렇듯 종업원에 대한 자율부여, 그 바탕에 있는 신뢰에서 시작된 노드스트롬의 명성은, 종업원관계전략의 핵심요소가 무엇인가를 알려주는 좋은 사례다.

구성원에서 구성원과 그 가족으로

종업원우선주의는 구성원을 넘어 가족으로 확대되기도 한다. 삼성토탈의 가족경영은 종업원우선주의를 확장하는 의미 있는 시도다. 사실 경영에서 '가족'은 부정적 이미지로 덧씌워져 불신의 대상이 되기도 한다. 많은 경영자들이 '우리는 한가족'이라는 구호를 즐겨 사용했지만, 위기가 발생할 때마다 인원감축이라는 카드를 손쉽게 꺼내들었기 때문이다. 이런 모순 때문인지 기업이 '가족 또는 가족주의'를 내세울 때면 사람들은 코웃음을 친다. 실제로 경영자가 말하는 가족은, 경영자의 입맛에 맞게 변질되기 십상이며, 가부장주의나 폭력적 권위주의로 전락하기도 한다.

그러나 삼성토탈의 '가족경영'이라는 실험은 눈여겨볼 만하다. 이미 성과를 내고 있는 이 실험에는 구성원의 행복이라는 철학이 바로 서 있고, 이를 구현하려는 전략이 새롭고 구체적이다. 홈패니hompany는 삼성토탈에서 만든 신조어로 가정home과 회사company를 합성한 것이다. 이 신조어는 행복의 범위를 구성원과 그의 '중요한 타자important others'인 가족까지 아우른다. '가정이 편해야 일도 잘된다'는 일 중심의 사고라면, 이 신조어는 의미 없는 언어유희일 뿐이지만, 여기서 말하는 가족은 엄연히 과거와는 다른 개념이다. 직원 가족은 성과 창출을 유인하는 수단도, 기업이 제공하는 복지를 구성원과 함께 누리는 수혜 대상도 아니다. 홈패니는 가족을 구성원의 행복을 완성하는 가장 중요한 주체이자, 경영의 한 부분을 담당하는 제2의 직원으로 인식하는 것이다.

삼성토탈은 다른 기업에서는 볼 수 없는 독특한 조직인 사원가족운영위원회를 갖고 있다. 150여 명의 사원 가족들은 교육, 문화, 생태, 자원봉사, 기록, 원예 등 10개의 위원회를 구성하고 운영한다.[47] 회사는 후원만 한다. 이 가운데서 '아이비 스쿨'이라는 공부방은 200석 규모의 최신식 독서실로, 직원들의 가장 큰 고민인 자녀들에 대한 교육을 책임진다. 인터넷 강의를 수강할 수 있는 시스템을 비롯해 석·박사급 직원들이 직접 멘토링을 제공하여, 서산 지역에서 '가장 가고 싶은 공부방'으로 자리매김한 지 오래다. 대기명단에 이름을 올린 아이들의 줄이 무척 길고, 지역의 소외계층에게 좌석의 10%를 먼저 할애할 만큼 '괜찮은 곳'이다. 이렇듯 삼성토탈 가족경영은 성공을 달리고 있다.

고객우선주의는 기업의 숙명이다. 오랫동안 기업은 외부고객을 창출하고 이들의 가치를 높이는 데 노력해왔다. 그러나 실상 고객은 외부에도 있고 내부에도 있다. 이제는 내부고객의 의미를 이해하는 것이 중요하다. 외부고객은 충족의 대상이지만, 내부고객은 기업 그 자체다. 내부고객에 눈을 돌리는 것은 인재지향성의 새로운 적용 방식이다. 구성원을 가치 창조 사슬의 가장 꼭대기에 둘 때, 기업과 구성원 그리고 고객 모두 행복할 수 있는 새로운 지평이 열린다. 그 지평은 기업의 범위를 넘어 공동체로 나아갈 수 있다.

종업원의 행복을 담는 비전

행복은 나를 충분히 인지하고 내가 가장 나다운 순간을 경험하는 상태다. 내가 가장 나다운 것, 이는 아리스토텔레스가 말한 자기의 본성his or her own virtue이 구현된 상태다. 오늘날 고객은 기업의 생존을 결정하는 지위에 있지만, 고객의 행복을 위해 기업 구성원이 그 수단으로 전락하는 것은 바람직하지 않다. 실제로 행복하지 않은 종업원은 고객을 행복하게 할 수 없다. 이 인과관계를 명확히 하기 위해 우선순위에 대한 고민이 필요하다. 고객이 행복하면 종업원이 행복하다는 가설과 그 역의 가설 가운데 어느 것을 먼저 내세워야 하는가. 고객이 행복하면 기업은 행복할지 모르지만, 기업을 구성하는 종업원(내부고객)은 반드시 행복하지만은 않다. 오히려 고객의 행복 앞에서 소외되고 지칠지도 모른다. 고객의 행복은 기업의 생존과 성장을 위한 필요조건이지만, 지속가능성의 측면에서 볼 때 충분조건은 아니다. 종업원이 불행하고 지친다면 결국 고객의 행복을 유지할 수 없기 때문이다.

고용안정 원칙,
인재지향성의 선언

고용안정이라는 모순된 진실

경영은 예술과도 같다. 모순된 것을 결합해 조화를 이루는 경우가 많고, 모든 것에는 양면성이 있기 때문일 것이다. 양면성이란 모순되는 요소가 결합되어 하나를 이루는 것과 같다. 유연성 담론이 지배적인 현대경영에서 고용안정을 보장하는 것은 아마도 가장 모순이 아닐까 싶다.

자본주의 경기의 불확실성, 자본의 이동성 강화, 상품시장의 개방과 경쟁심화 등 불확실한 환경에 대응하기 위해 모든 기업은 유연성을 높이고자 한다. 특히 인력 활용의 유연성은 그것이 수량적이건 기능적이건 상관없이 중요하다. 기계나 장비는 경직적인 요소지만 사람이야말로 가장 유연하게 활용할 수 있는 자원이기 때문이다. 기계는 영혼이나 감정이 없고 부양해야 할 가족도 없으며, 소비를 창출하는 구매력도 없다. 반면, 사람은 영혼도, 감정도, 가족도, 소비를 창출하는 구매력도 있다. 또한 소비자의 구매력은 노동자의 임금으로 연결된다.

인력활용의 유연성을 높이는 것이 기업 경쟁력의 근간을 이룬다는 사실이 상식이 돼버린 시대에 유연성은 양날의 칼과 같다. 유연성을 극단적으로 추구할 경우, 직원들은 불안에 시달린다. 대기업 직원들은 심리적 구직 상태에 있다고 한다.[48] 심리적 구직 상태란 현재 고용되어 일을 하고 있음에도 불구하고 고용 불안감 때문에 심리적으로는 새로운 직장을 구하려고 하는 것이다. 심리적인 것이기 때문에 구체적으로 구직활동은 하지 않지만, 불안감은 구직자보다 더 커서 업무에 대한 몰입도가 매우 낮다. 이로써 생산성이 떨어지고 동료와의 관계도 불편해진다. 멀지 않은 미래에 누군가는 선택되고 누군가는 퇴출될 것이라는 씁쓸한 현실 때문에 동료애는 기대하기 어렵다. 또한 상사의 눈치를 보게 되고 독창적 생각을 스스로 검열하는 등 상사와의 관계도 경직된다. 실질적으로 고용불안이 불러오는 부정적인 결과는 이 모든 예를 뛰어넘는다.

고용안정 원칙을 선언하라

인재철학의 처음은 고용안정을 제1의 원칙으로 선언하는 데 있다. 고용안정의 가치가 정립되면 인재를 바라보는 관점과 전략이 달라지고, 인적자원 관리 전체가 바람직한 방향으로 정렬되며, 투자 효과가 높아지기 때문이다.

고용안정 원칙은 훌륭한 인재를 유인하는 매력적인 매개체다. 수시로 구조조정이 이뤄지는 시대일수록 고용안정의 상대적인 가치가 높아지기 때문이다. 둘째, 고용안정 원칙이 서면 채용의 엄격성이 높아진다. 함부로 해고하지 않을 것이라는 자체의 원칙 때문에 기업과 운명을 같이할 인재를 탐색하고 선택하는 데 많은 시간과 예산을 투자하게 된다.[49] 많은 구직자들 속에서 선별된 인재들은 역량과 소양을 갖추었음을 증명해 보여 까다로운 채용과정을 통과한 사람들이다. 이들은 스스로 교육 훈련의 필요성을 이해하며, 자발적인 동기부여를 통해 성과 향상은 물론 자아실현을 꿈꾸기 때문에 기업은 교육훈련 투자효과를 높일 수 있고, 인재들에게 동기를 부여하는 다양한 방법을 모색할 수 있게 한다. 궁극적으로 기업의 경쟁력을 높인다.

실제로 우리나라의 고성과 작업장에 대한 연구를 보면, 과학적인 채용전략에 투자한 기업일수록 교육훈련 투자효과가 높다.[50] 엄격한 선발과정을 통해 채용된 인재들은 소양을 갖추었을 뿐 아니라 문화적합성이 높아 조직의 투자에 대해 적극적으로 반응하기 때문이다.

위기에도 고용안정 원칙을 사수해야

니콜라이 콘드라티예프Nikolai Kondratiev의 장기 파동설을 굳이 설명하지 않아도 자본주의는 주기적으로 불안정성을 반복한다. 이런 까닭에 경영에는 늘 위기의 순간이 찾아온다. 기업은 위기를 극복하기 위해 인원감축으로 대응하는 경우가 일반적이다. 인원감축은 단기적으로 (비용 측면에서) 위기를 모면할 수는 있으나 장기적으로는 바람직하지 않다.

2001년의 IT 붕괴로 불경기에 대응하는 미국 기업에는 대비를 이루는 두 부류가 있다. 하나는 인원감축으로 위기를 모면한 기업들이고, 다른 하나는 고용안정과 적극 채용으로 위기 이후를 대비한 기업들이다. 모토롤라는 15만 명 중 25%를 해고했고, 검색업체의 선두주자였던 알타비스타Alta Vista도 전체 직원의 25%를 감원했다. 야후, 썬마이크로시스템즈, GE, 지멘스도 많은 인원을 감축해 위기를 극복했다.

델컴퓨터도 벤처 붕괴에 불경기가 겹치면서 1,700명을 감원했다. 대량해고가 단행되자 해고된 직원들과 살아남은 직원들은 정리해고에 반발해 노동조합을 조직했다. 이들의 주된 불만은 해고의 기준이 명확하지 않고, 개인별 성과가 고려되지 않은 '제비뽑기식' 선정이라는 점이었다. 델은 경기가 회복되면 다시 고용하겠다는 약속으로 반발을 무마할 수 있었다. 반면, 구글은 IT 붕괴를 인재를 확보할 수 있는 기회로 보았다. 스톡옵션 등을 활용해 IT업계의 인재를 적극적으로 채용함으로써 경기가 회복됐을 때 다른 경쟁사들을 제치고 앞서 나갈 수 있는 원동력을 마련했다.[51]

유연성과 안정성을 동시에 추구하는 플렉시큐리티flexicurity, * 즉 유연안정성은 기업 단위에서는 모순이다. 서로 모순되는 것을 간단히 결합한다고 해서 조화라고 할 수는 없다. 비노조경영은 이 가운데 하나를 적극적으로 선택해야 한다. 그것은 '유연'이 아니라 '안정'이다. 유연성의 자본주의에서 모순된 고용안정은 상대적 가치가 가장 높은 인재지향성의 또 다른 선언이기 때문이다. 다시 말해, 고용안정 원칙을 세우고 채용에서부터 이직에 이르기까지 중장기적인 관점에서 통합적인 인력관리 방안을 마련해나가야 한다.

• 사회안전망을 통해 노동시장의 유연성과 안정성을 동시에 추구하려는 제도다. 즉, 정부는 기업의 노동시장의 유연성을 높이되, 노동자에게는 실업급여와 직업교육 등을 통해 '생활안정과 재취업'의 안정성을 제공한다. 덴마크 정부는 플렉시큐리티 모델을 바탕으로 노동시장에서 경쟁력을 확보했다.

가슴 뛰는 비전을 제시하라

올바른 비전은 사람을 바꾼다. 바꿔 말하면, 사람을 바꾸기 위해서는 올바른 비전이 서야 한다. 사람을 바꾸는 비전은 무엇인가? 여기에 답하기 위해서는 비전의 개념과 요소를 명확히 해야 한다.

비전이란 환상이다. 환상이란 현실이 아니라는 점에서 실재하지 않지만, 미래의 방향을 알려준다는 점에서 엄연히 실재한다. 환상에 사로잡히면 현재를 볼 수 없기도 하지만, 환상이 없으면 현재의 의미를 이해하지 못한다. 한마디로 비전은 현재와 미래의 연결고리다. 미래에 대한 생각이 없다면, 현재는 지나가는 과거의 추억으로 남을 뿐 적어도 도전적인 의미는 없다. 현재가 의미 있는 시간과 공간으로 거듭나기 위해서는 미래와 연결돼야 한다.

이런 의미에서 나는 비전을, 지금을 내일과 연결하는 교두보라고 정의한다. 비전은 내일에 대한 환상이다. '환상은 환상적일수록 환상적이다.' 환상은 살아숨쉬는 것처럼 생생해야 한다. 환상이 생생할수록 현재를 지탱하고 극복하며 즐길 수 있게 한다. 따라서 기업은 박제된 비전을 제시해서는 안 된다. 기업의 비전은 구성원들이 구체적으로 그릴 수 있는 환상으로 살아나야 한다. 그것도 보는 순간, 듣는 순간 그리고 고민하는 순간 깨달음의 감탄사를 연발하게 하는 비전이어야 한다.

교세라의 이나모리 가즈오稲盛和夫 회장*은 일본에서는 경영의 신神 가운데 한 명으로 추앙받는다. '신'이라는 과장된 표현이 실제를 축소시키기도 하지만, 마쓰시타 전기의 창업자인 마쓰시타 고노스케松下幸之助나 혼다기연의 창업자인 혼다 소이치로本田宗一郎보다 신화적인 이야기들이 훨씬 많다.

이나모리 가즈오의 경영을 설명하는 키워드는 매우 다양하다. 직원 소중 철학, 현장 중심의 기업문화, 체계와 소통, 아메바 구조 등이 그것이다. 그러나 무엇보다 비전이 두드러진다.

"우리 회사를 니시노쿄 하라쵸에서 최고의 회사로 만들겠다. 다음에는 쥬쿄구 최고의 회사, 그 다음에는 교토 최고의 회사, 그 다음에는 일본 최고의 회사 그리고 마지막에는 세계 최고의 회사로 만들고 말겠다."[52]

1959년 당시 교세라는 목조 창고를 빌려 통신기기 따위를 만

---

* 이나모리 가즈오는 우장춘 박사의 넷째 사위이기도 하다.

드는 영세 규모의 공장에 불과했다. 그러나 이나모리 가즈오는 이미 세계를 무대로 교세라만의 가치를 만들고 파는 거대한 기업을 꿈꾸고 있었다. 교세라의 비전은 성취 단계로 나아가는 점진적인 시각이다. 처음에는 작은 현의 최고 회사가, 그 다음에는 교토의 최고 회사가, 마침내 세계의 최고 회사가 될 것이라는 비전은 '최고'라는 가치가 너무 남발되어 식상해진 지금은 그다지 감동스럽지는 않지만, '내일 나는 무엇이 돼야 하는가'에 대한 명확한 상과 과정을 담고 있다는 점에서 좋은 예라 할 수 있다.

비전은 도전적이어야 하지만 과장돼서는 안 된다. 과장된 비전은 비현실성을 비약시켜 환상으로만 남는다. 그리고 절망과 부정을 불러온다. 현 상황에서는 도저히 다다를 수 없는 비전은 한낱 꿈일 뿐인 세계가 되고, 현실과는 완전히 동떨어진 것이 되므로 부정된다. 부정보다 더 위험한 것은 절망이다. 더는 어떠한 꿈도 희망도 갖지 못하게 하는 학습된 무능으로 이끌기 때문이다. 그러면 무능의 문화가 만들어지고, 그 문화는 기업을 '생산하는 공간'에서 '사라질 공간'으로 바꿔놓는다. 아무리 경쟁력이 높아도 사라질 공간이 된 기업에서는 무의미하다. 경쟁력은 오히려 뺏길지도 모르는 불안의 대상이 된다. 경쟁력이라는 칼날을 세우기보다는 창고에 숨겨두어 칼날을 무디게 만들고 심지어 녹슬게 만들어 더는 칼이 아닌 고철이 된다. 창고의 암울함과 축축함은 답답한 문화가 되고, 그 문화는 기업을 빈사 상태로 몰아간다.

마음을 얻으려면
믿고 존중하라

구성원의 마음 얻기

"사람 마음만큼 변하기 쉬운 것도 없다. 그러나 일단 단단한 인연으로 맺어지면 그만큼 강한 것도 없다."[53]

이나모리 가즈오 회장은 직원들이 회사에 매력을 느끼고, 그들이 최고의 역량을 발휘하게 하기 위해서는 직원들의 마음을 사로잡아야 한다고 역설한다. 사람의 마음을 사로잡는 것, 이는 어쩌면 모든 경영인이 꿈꾸는 소망이다. 이나모리 가즈오의 말처럼, 사람 마음만큼 변하기 쉬운 것은 없기 때문이다. 그러나 변덕스런 마음은 일단 무언가에 꽂히면 쉽게 바뀌지 않는 일방적인 면도 있다. 이나모리 가즈오에게 변덕스러우면서도 일방적인 마음들이 모인 '인연'은 쉽게 바뀌지 않는 단단한 연대를 형성하는 처음과 끝이다.

　일에 매료된 상태를 몰입이라 한다. 몰입은 아직까지 발견되지 않은 강력한 가치를 창출하는 원천이다. 몰입은 자신의 재량을 최선의 경지로 이끌어낸 상태다. 무엇보다 자발적으로 일어나는 상태이므로 몰입은 '지속적'이다. 생산의 끝과 서비스의 끝은 직원의 손끝에서 완성된다. 직원의 손끝은 그의 마음이 그 일을 진정으로 원하는 몰입의 순간 비로소 마술을 부린다.

　몰입은 일에 매료된 직원의 마음이고, 직원의 마음은 경영자의 마음으로부터 온다. 경영자의 마음은 직원을 소중히 여기는 감정이다. 누군가로부터 소중한 사람이라는 느낌을 받을 때의 행복감은 사람이라면 누구나 기대하며, 이를 위해 노력할 것이다. 특히 청소년기에 스타라 불리는 연예인들이나 박지성이나 김연아 같은 스포츠 선수 그리고 빌게이츠나 잭 웰치 같은 경영인들에게 열망하는 이유는 이들을 닮고 싶기 때문이다. 다시 말해 많은 사람들의 사랑을 받는 소중한 존재와 같을 수는 없지만, 그에 못지않은 사람이 되고 싶은 것이다. 이러한 감정은 성인이 되고 나서는 자발적인 선택이든 아니든 간에 자신에게 영향력을 주는 존재에게 소중한 사람이 되고 싶어진다. 특히 회사라는 공동체에 진입하게 되면, 자신에게 가장 영향력을 행사할 수 있는 지위는 동료나 상사, 경영자다. 이중에서도 경영자는 기업 내에서 가장 영향력 크다.

　미국의 심리학자 에이브러햄 매슬로_{Abraham Maslow}의 고전은 욕구의 단계를 제시한 데 그치지 않는다. 그가 발견한 자아실현의 욕구는 실제로는 '사회적 인정'이 전제될 때 가능하다. 자아실현은 나라는 거울과 타인이라는 거울에 비친 자아가 모두 만족스러울 때 비로소 완성된다. 인정이란 다양한 찬사를 포함하지만, 그 중 으뜸은 중요한 대상로부터 '소중한 존재'로 인식되는 것이다.

그렇다면 중요한 대상은 누구인가? 평소 잘 알고 지내는 나의 한 선배는 "직원들은 모두 병에 걸려 있다. 지독한 난치병인데, 바로 상사병이다"라고 말한 적이 있다. 우스갯소리 속에 상사上司, 相思, 想思, 賞詞*에 대한 여러 단상이 주렁주렁 열려 있다. 그 중에서도 상사上司는 직원들에게 가장 중요한 대상이며, 상사로부터의 인정은 직원들을 신명나게 한다.

한 헤어디자이너의 직원 사랑

직원 사랑으로 유명한 한 헤어디자이너가 있다. 준오헤어의 강윤선 대표다. 강 대표는 1981년 서울 성신여대 앞에 준오헤어 1호점을 낸 후, 사업을 시작한 지 30년 만인 2010년 8월 강서구청 근처에 66호점을 열었다. 해마다 2.2개 꼴로 지점을 낸 셈이다. 그의 헤어숍은 직영점으로, 66개의 준오헤어는 프랜차이즈와 의미가 다르다. 직영점 규모로 볼 때, 국내 미용계에서는 물론이고 세

---

* 上司는 직장 등에서 지위가 위에 있는 사람, 相思는 서로 생각하고 그리워함, 想思는 찬찬히 따져 가며 깊이 생각함. 賞詞는 칭찬하는 말이다.

계에서도 최대다. 일본의 미용업체인 '아르테제팬'이 'Ash'라는 브랜드로 60개가 넘는 직영점을 운영한 적은 있지만, 얼마 전에 문을 닫았다.

직영점은 프랜차이즈에 비해 손이 많이 간다. 프랜차이즈는 지역권地域權을 뜻하는 말로, '지역 할당형 업체'라 할 수 있다. 특정 상품이나 서비스를 제공하는 주재자主宰者가 일정한 자격을 갖춘 사람에게 자기 상품에 대해 일정 지역에서 영업할 수 있는 권리를 주는 방식이다. 시장을 개척하고 점유를 확대하는 데는 직영점보다 훨씬 효과적이다. 그러나 프랜차이즈는 철학이 전달되지 않는다는 단점이 있다. 시스템이나 기술 같은 외적요소와 달리 경영철학은 쉽게 전수되기가 어렵다. 강윤선 대표의 성공에는 직영점을 고집하는 그의 경영방식 뒤에 숨은 사람에 대한 철학이 있다. 그 철학은《경향신문》의 한 인터뷰 기사에 잘 나타난다.

"제 나이가 쉰 살인데 카드에 '18번째 생일을 축하드려요', '태어나주셔서 감사드려요'라고 쓰여 있었어요. 이러니 제가 우리 직원들을 사랑하지 않을 수 있겠어요? 준오헤어가 성장한 비결은 직원들과 꿈을 나눈 덕분입니다. 제게 최고의 고객은 우리 직원들이에요."[54]

강 대표는 20년 전에 남편 몰래 집을 팔아 직원 20명과 함께 영국의 미용교육기관인 비달사순에서 한 달 간 연수를 받고 돌아왔다고 한다. 우리 사회에서 '집'이란 최후의 보루와도 같다. 직원들과 함께 연수를 떠나기 위해 집을 팔아 치울 정도로 그녀의 직원 사랑은 경지를 넘어선 듯하다. 지금도 준오헤어는 매달 교양강좌, 리더십 스쿨 등 연수 프로그램과 해외 유학프로그램을 운영하고 있다.

강 대표는 실력이 뛰어난 직원들에게 직영점을 내주며 원장 자리를 맡긴다. 그녀가 생각하는 직원들의 실력은 머리를 매만지는 솜씨를 뛰어넘어 직원을 사랑하는 마음씨, 곧 강 대표의 철학을 공유하는 또 다른 강윤선들이다.

"그들에게 노력하면 원장도 되고 돈도 많이 벌수 있다는 희망과 꿈을 주고 싶다. 또 머리를 만지는 일은 항상 같은 수준을 유지하기가 어렵기 때문에 준오아카데미에서 철학과 기술을 공유한 원장들에 한해 직영점을 맡긴다."

"미용은 기술보다 고객을 진심으로 소중히 여기는 태도가 중요하다. 직원을 뽑을 때 '사람을 좋아하는가'를 먼저 본다. 수시로 고객들을 사모하라고 강조한다. 우리 직원 가운데는 대학 겸임교수도 많다. 더 많은 억대 연봉자와 교수 직원이 탄생하길 기대한다."

"쉽게 망가지는 기계에 투자하지 말고 사람에게 투자하라."

준오헤어만의 독특한 철학과 비전을 유지하기 위해 강 대표가 직영점을 선택했다는 사실은 철학이 비용을 앞섬을 의미한다. 그 철학은 구성원의 가치를 믿고 존중하는 것이다.

관리에서 믿음으로

100년 전 미드베일 철강회사의 엔지니어 출신인 프레더릭 윈슬로 테일러Frederick Winslow Taylor는 관리와 통제를 중심으로 하는 과학적 관리로 근대경영학의 탄생을 알렸다. 이후 관리와 통제는 여전히 포기할 수 없는 경영의 가치다. 그러나 여기에는 '보이는 한계'가 존재한다. LG 디스플레이의 권영수 사장의 말은 이에 대한 인식의 전환을 보여준다.

"구성원들이 일을 할 때, 5시간 이상 지속적으로 몰입하기 힘들고, 놀게 내버려둬도 10시간 이상 놀지도 못한다. 관리·통제 방식으로 억지로 일을 시킨다고 해도 최고의 생산성을 이끌어내는 데는 한계가 있다. 굳이 관리하고 통제하지 않더라도 구성원들이 자발적으로 일을 하고 스스로 업무에 몰입함으로써 기대 이상의 성과를 창출할 충분한 역량이 있다고 믿는다."

구성원들에게 강력한 가치를 부여하고 깊은 믿음이 있어야만 진정으로 동기부여가 되어 제대로 일을 하게 된다는 그의 발견은 신의를 형성하기 위한 첫걸음이다.

먼저 투자하고,
리더를 처벌하라

모토롤라와 퍼시픽 텔레시스

"경기가 좋을 때는 훈련투자를 2배로 늘려라. 그러나 경기가 나빠지면 훈련투자를 4배로 늘려라." 기업경영이론의 대가인 에릭 톰 피터슨 Eric T. Peterson 의 권고다. 경기가 나빠지면 서둘러 교육훈련 예산부터 삭감하는 기업들에 대한 경고이기도 하다. 노련한 컨설턴트의 과장으로 들릴지 모르지만, 그의 조언을 좀 더 깊이 있게 통찰할 필요가 있다.

중장기적 계획 없이 지속적이지 못한 교육훈련은 직원들에게 역량 함양의 기회로 인식되지 않는다. 경기에 따라 들쭉날쭉한 교육은 잠시 일에서 벗어나 쉬는 시간으로 인식된다. 역량을 위한 투자가 복지의 기회가 되면 효과를 전혀 기대할 수 없다. 기업의 중장기적 목표, 이를 수행하기 위해 필요한 역량의 종류와 내용이 전략적으로 배치된 계획, 계획에 따라 차질 없이 진행되는 교육은 직원들에게 기대를 심어준다. 그 기회를 통해 직원들은 내가 무엇을 어떻게 채울 것인가를 계획하고, 그 계획을 앞당기기 위해 또는 그 계획의 성과를 좀 더 높이기 위해 스스로 준비한다. 회계 지식이 부족한 직원은 회계 공부를 하기 위해 스스로 시간을 투자할 것이고, 외국어 실력이 부족한 직원은 출근 전이나 퇴근 후에 학원을 찾는 식이다.

모토롤라는 교육훈련의 양과 질보다 중장기계획에 따른 지속적인 투자로 정평이 나 있다. 우리에게 잘 알려진 식스시그마는 모토롤라의 교육훈련에 대한 집요한 투자가 낳은 성과다.[*]

시그마식스 덕분에 모토롤라는 사내의 대표적인 교육훈련 기관인 모토롤라 유니버시티를 통해 그동안 비용센터로 불리던 인적자원관리를 수익센터로 전환시키는 계기를 마련했다.

훈련투자에는 절대적으로 시간과 예산이 필요하다. 그러나 훈련의 질은 시간과 예산에 비례하는 건 아니다. 구성원의 수요에 맞는 다양한 훈련프로그램을 개발하여 2가지 요구를 충족시키는 것이 중요하다. 하나는 조직이 필요로 하는 역량과 지식을 효율적으로 높일 수 있어야 하고, 다른 하나는 구성원들이 원하는 교

---

[*] 식스시그마는 1980년대 말 모토롤라사가 고안한 품질 혁신 전략. 이후 과학적인 문제해결방식으로 발전했으며, 제너럴 일렉트릭(GE), 텍사스 인스트루먼트(TI), 소니 등 세계적인 초우량 기업들이 채택함으로써 널리 알려졌다. 삼성, LG 등 우리나라 기업에서도 확산되고 있으며, 제조업뿐만 아니라 금융, 서비스, 통신, 의료 등 고객이 존재하는 거의 모든 분야에서 활발하게 적용하고 있다.

육훈련을 서비스해야 한다는 점이다. 이를 위해서는 교육훈련 수요조사를 정기적으로 해나가야 한다. 구성원들은 일을 하는 주체이므로, 이들은 업무를 둘러싼 환경 변화에 민감하다. 또한 환경 변화에 따라 작업 방식을 스스로 바꿔나가야 한다. 그러므로 이들의 요구와 노력을 훈련 프로그램에 반영할 때 더욱 효과를 얻을 수 있다.

교육훈련에 효과적인 것 가운데 하나는 멘토링과 코칭의 실질화를 이루는 것이다. 이는 구성원 상하 간의 파트너십을 높이는 데도 매우 유용하다. 특히 오늘날 작업장에서는 멘토링의 중요성이 높아지고 있다. 작업 과정 또는 동료들로부터의 소외를 차단할 수 있기 때문이다. 멘토링은 일대일 전인격全人格 관계를 형성해 일과 삶에 대해 조언하는 정서친화적인 훈련 방식이다.

좋은 멘토란 누구인가? 우선 일과 조직에 대해 정통해야 한다. 일의 개념을 잡아주고 그 의미를 일깨워줄 수 있는 혜안이 있어야 하며, 조직의 역사와 비전에 정통해야 한다. 둘째, 사람에 대한 폭넓은 이해력을 갖춰야 한다. 멘토는 단순한 조련사 또는 지도자가 아니다. 일과 더불어 삶의 여러 측면을 이해하고 조언하는 컨설턴트다. 따라서 분석적이면서도 정서가 풍부해야 한다. 셋째, 멘티의 작은 성취에도 진심을 다해 축하하는 세심함을 지녀야 한다. 멘티의 성공은 곧 멘토의 성공이다. 멘티가 작으나마 목표한 것을 이루었다면, 멘토는 이를 축하함으로써 멘티가 더 크게 성장할 수 있도록 격려해야 한다. 멘티가 충분히 해낼 수 있으면서도 그 수준을 한 단계 끌어올릴 수 있는 일을 제시할 줄 알아야 하며, 그러한 일을 찾아내는 안목도 갖춰야 한다.

미국 이동통신회사인 AT&T에 흡수된 퍼시픽 텔레시스 엔터프라이즈 그룹Pacific Telesis Enterprise Group의 멘토링 프로그램은 한때 매우 정평이 났었다. 1992년 멘토링 프로그램으로 《포춘》의 커버스토리를 장식했던 이 회사는 주로 두 단계 위의 상사를 멘토로 맺어준다. 멘토는 사업을 이해시킬 뿐만 아니라, 자신의 네트워크를 멘티와 연결함으로써 연결망 자원을 제공하기도 한다. 때로는 멘티가 도전적인 일을 체험할 수 있도록 기회를 제공하는데, 이에 소요되는 비용은 회사가 부담한다.

GE에서는 기존의 멘토링 제도를 뒤집은 역멘토링을 실시하고 있는데, 신입사원이 멘토가 되어 상사에게 신세대의 감각이나 이해를 교육시킨다. 1999년 당시 제너럴 일렉트릭 역사상 최연소 회장 겸 최고 경영자였던 잭 웰치는 영국으로 출장을 떠났다가 우연히 한 젊은 엔지니어를 만나 인터넷의 중요성에 대한 설명을 들었다. 그는 자신이 미처 발견하지 못한 새로운 세상에 눈을 뜨게 됐고, 500명이 넘는 중역들에게 젊은 인재들로부터 인터넷을 일대일로 배우게 했다. 이것이 역멘토링의 시작이다.

패자의 출현은 리더십의 실패

경영자들의 고충을 조사한 미국의 한 연구 결과를 보면, 경영자들은 해고를 가장 힘든 일로 꼽았다. 그 다음은 성과평가다. 신자유주의적 관리 방식이 팽배한 미국에서도 해고가 가장 곤란하고 힘든 일로 꼽히는 것을 보면, 해고는 제도의 문제를 넘어 삶의 문제임이 분명하다. 해고와 평가는 언제나 불편함을 수반하지만 피할 수 없는 일이다. 성과가 낮은 직원 관리는 인재경영이 맞닥뜨리는 힘겨운 도전이다.

그렇다면 성과가 낮은 직원에 대한 관리를 인재철학에 어떻게 적용해야 하는가? 성과가 낮은 직원을 관리하는 방식은 나라마다 기업마다 다르다. 해고의 자유가 폭넓은 미국은 성과평가 결과에 따라 솎아내는 전략이 일반적이다. 해고의 사회적 비용이 상대적으로 적게 들기 때문이다. 미국은 2차대전 이후 경제 강국의 면모를 유지해왔고, 그만큼 일자리도 넉넉했다. 2000년대부터는 일자리와 일의 질과 관련해 해고가 사회적으로 문제가 되고 있지만, 오랫동안 황금기를 경험한 탓에 해고의 관행이 그대로 받아들여지기에 충분하다. 게다가 횡적 노동시장이 잘 발달되어 있고, 노동시장의 분절도 크게 눈에 띄지 않는다. 그러므로 해고 자유의 관행만을 가져다가 우리식으로 해석해서는 안 된다.

기업들은 대부분 성과개선 프로그램을 운영하여 성과가 낮은 직원에게 패자부활을 위한 기회를 주고 있다. GE, 모토롤라, HP, MS 같은 기업들은 성과개선 프로그램을 통해 재활의 기회를 부여하되, 가능성이 낮은 직원들은 퇴출시킨다.

역량이 충분한 자산은 투자와 결합하면 '언제나' 성과를 낸다. 그러므로 직원들이 성과를 올리지 못한 것은 투자가 적정히 또는 충분히 이뤄지지 않았거나, 투자로 역량이 커졌지만 기업이 그 역량을 발휘할 수 있는 기회를 부여하지 못했거나, 기회를 성공으로 연결할 수 있도록 직원들을 훈련시키지 못했기 때문이다.

이는 리더십의 실패다. 성과가 낮은 직원들을 관리하고 (경우에 따라서는) 퇴출시켜야 한다면, 먼저 경영의 실패에 대한 반성부터 해야 한다. 경영의 실패 원인을 진단하고, 이를 모든 직원들에게 명백히 밝히며, 문책이 필요할 때는 과감히 경영진에게 먼저 손을 대야 한다. 그러나 초우량 기업 가운데 어느 곳도 경영진에 대해 책임을 물은 사례는 찾기 힘들다. 성과가 낮은 직원에 대한 적정한 관리는 경영의 실패를 진단하고 이들을 생산하는 구조, 리더십, 제도 등에 대한 철저한 진단과 개선이 우선돼야 한다.

Chapter 5

창의는 어떻게 창조되는가

창의와 창조

창의라는 화두는 더는 새롭지 않다. 이미 경영활동이 등장한 시점부터 창의는 경영활동을 지배하는 행동원리로 자리 잡았다. 창의는 유에서 새로운 유로 변형·전환하는 과정이고, 창조는 무에서 유를 만들어내는 과정이다. 아무것도 없는 상태에서 무언가를 만들어내는 창조는 인간의 영역이 아니다. 그러므로 경영전략의 차원에서 창조는 커다란 부담이다. 태양 아래 새로운 것이 없다는 격언은 창조의 본원적 불가능을 지적하는 일반론이기도 하다.

일찍이 슘페터는 혁신을 정의하는 데 '결합'에 주목했다. 결합이란 기존의 것을 다른 관점에서 새롭게 조합하는 것이다. 있는 것들을 새로운 방식으로 재구성하는 것 그리고 이를 지속하는 것이 창의다. 한마디로 창의는 혁신의 반복이다. 그러므로 혁신의 중요성을 강조해온 기업이 원하는 것은 결국 창의다. 기업은 '혁신의 습관화를 어떻게 이룰 수 있는가'라는 문제를 해결하기 위해 창의를 기업문화로 채택한다. 문화를 구성원들의 습관화된 행위 양식이라고 정의한다면, 창의적 문화란 창의적 접근이 습관화된 상태를 말하는 것이다. 창의적 접근은 뒤집어보기, 이질적인 것을 결합하기, 타인의 관점으로 바라보기 등으로 가능하다. 미국의 경영대학원 프로그램에는 착시 훈련이 약방의 감초처럼 빠지지 않는다. 착시 훈련을 통해 사물의 다양한 면을 여러 각도에서 바라보게 한다. 스티븐 코비Stephen Covey가 소개한 다음의 그림은 착시와 착시가 갖는 경영적 의미를 제시한다.[55]

이는 보는 이의 관점에 따라 사물의 의미가 달라짐을 보여준다. 자기계발서에 단골로 등장하는 이 그림은 긍정적인 면을 발견하라는 메시지를 담고 있지만, 경영 차원에서는 기존의 것이

새로운 의미를 갖는 창조의 순간을 의미한다.

뒤집어보기는 다양한 시선으로 바라보아 아직까지 알려지지 않은 새로운 속성을 탐색하는 과정이다. 새로운 속성을 제품이나 서비스로 연결할 때 창의적인 작품이 탄생한다.

이질적인 것의 결합은 성공적인 창의를 위한 더 일반화된 과정이다. 영화 〈아바타〉는 창의적 결합으로 영화의 새 지평을 열었다. 〈아바타〉는 감동적 스토리와 3D 기술이 결합한 작품이다. 이 영화의 스토리에는 감동이 있다. 관객은 영화를 보면서 지구, 환경, 소통, 미지의 세계, 오만과 독단, 믿음 같은 키워드들을 스스로 발견한다. 여기에 3D라는 기술을 결합해 한층 더 재미를 꾀했다. 감동적인 스토리와 3D는 기존에 있는 것들 가운데 이질적이다. 감동 스토리는 영화보다는 문학과 연극의 영역에서 잘 발전된 요소다. 여기에 기술 세계의 3D를 결합해 감동은 드라마틱한 재미를 등에 업고 더욱 생상하게 전달된다. 이제 4D까지 등장하는 다양한 애니메이션은 영화사의 새로운 흐름을 만들기에 충분하다. 이렇듯 '기존에 있는 것들을 결합하기(창의)'를 훈련하고 습관화하는 것은 창의의 구체화다.

타인의 관점이란 자신을 벗어난 외부의 관점이다. 스스로 자신에게만 집중하면 자기 이외의 것은 볼 수 없다. 타인을 바라보고 자기와 관련된 의미를 찾는 것이 타인의 관점으로 보기의 정수다. 1910년대 포드의 컨베이어벨트 혁명은 정육점의 트롤리(작은 쇠바퀴)에서 착안됐다. 당시 시카고 정육점에서는 무게가 육중한 소나 돼지를 손질하기 위해 천장에 트롤리를 설치했다. 헨리 포드는 이점에 착안해 일일이 사람 손으로 차체를 움직이던 것을 컨베이어벨트로 대체했다. 테일러주의의 성공은 컨베이어 벨트의 발견 없이는 성공할 수 없다는 점에서 미국 초기의 자동차 산업은 정육점에 커다란 빚을 지고 있는 셈이다.

경영은 타인*을 보지 않으면 소리 없는 죽음을 맞기도 한다. 스포츠 의류 및 용품 제조회사인 나이키의 최대 경쟁자는 동종업계인 아디다스가 아니라 비디오 게임 제조회사인 닌텐도라는 사실에서 쉽게 발견된다. 나이키를 신고 공을 차며 뛰어놀아야 할 아이들, 그 중요한 고객을 닌텐도가 붙잡아두기 때문이다. 타자기는 다른 타자기 회사와의 경쟁에서 도태된 것이 아니라, 컴퓨터라는 새로운 산업의 등장으로 조용히 사라졌다. 시계회사는 휴대폰의 등장으로 위기를 경험했으며, 시계에 패션을 결합한 신개념을 찾을 때까지 고전을 면치 못했다. 이처럼 타인의 관점으로 바라보기는 기회의 창을 열어 소리 없는 파멸로부터 탈출구를 찾는 것이다.

---

* 고객, 경쟁자, 직접적으로 경쟁하지는 않지만 언제 어디서 위협을 가할지 모르는 다른 업종.

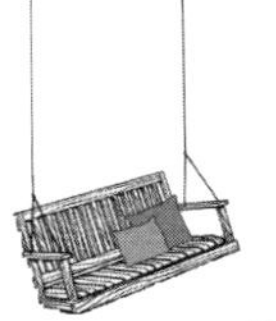

창의는 자율을 먹고
자라나는 나무

자율이 의미 있는 이유

CEO를 투표로 뽑는다면? 승진대상자를 제비뽑기로 정한다면? 믿어지지 않겠지만, 실제 경영 현장에서 이뤄지는 일들이다. CEO를 투표로 뽑는 곳은 고어이고, 승진대상자를 제비뽑기로 결정하는 곳은 교세라다. 통상적인 이해를 넘어서는 파격적인 관행 뒤에는 자율을 부여하고자 하는 경영자의 의지가 담겨 있다.

자율이란 타인의 지배나 구속에서 벗어나 스스로 자신만의 원칙에 따라 행동하는 원리를 말한다. 자율은 행동을 규율하는 원칙이 있고, 원칙을 스스로 만든다는 점에서 방종과 구별된다. 흔히 자율에는 책임이 강조되지만, 자율에는 본래 책임보다는 자발성에 대한 존중이 더 크게 자리 잡고 있다.

흔히들 자율과 무질서를 동의어로 보는 경향이 있다. 이는 인간에 대한 근원적인 신뢰 부족에서 비롯된 오류다. 경영학이 이러한 오류에 쉽게 빠지는 이유는, 근대경영학이 타인에 대한 구속, 감시, 통제에서 출발했기 때문이다.[*] 근대경영학은 지난 100년간 구속과 통제의 과학을 발전시켰다고 해도 과언이 아니다. 테일러의 과학적 관리는 노동에 대한 감시와 통제를 위한 과학의 다름 아니다. 이로써 경영은 자율에 대해 빈곤한 철학을 가질 수밖에 없었다.

자율은 칸트 윤리학에 그 뿌리가 있다. 자연법칙의 보편성과 필연성을 인간이 존재하는 근원적 요소로 본 칸트는 인간의 본성을 이성에서 찾았다. 인간은 이성을 통해 도덕적 행위의 기준과 원리(칸트에게는 보편적이고 필연적이다)를 찾아내고 바로 세울 수 있는 능력이 있다. 이것이 이성적 능력이다. 인간은 이성적 의지도 갖고 있는데, 이성적 의지란 자신이 세운 도덕법칙을 자발적으로 자신에게 부여할 수 있는 의지를 말한다. 칸트의 실천이성은 도덕법칙을 세우고 이를 스스로 부과하는 인간의 본성을 의미한다. 따라서 자율적인 인간은 보편적으로 타당한 도덕법칙을 세울 수 있으며, 이를 자신에게 자발적으로 부과할 수 있음을 의미한다. 도덕법칙을 세우거나 수용하는 이외의 모든 방식은 타율적인 것

---

[*] 테일러주의로 근대경영학이 시작됐다고 할 경우, 지난 100년간 경영학은 구속의 과학으로 발전한 것과 다름 없으며, 탈산업사회가 진전되면서 구속에 대한 성찰적인 회의가 시작된다.

으로 규정된다. 오직 '스스로 떠맡았지만, 여전히 보편적인 법칙만을 따르는 사람' 그리고 '자신의 의지에 따라 행동하는 사람'만이 '자율적'이라 할 수 있다.[56]

칸트 윤리학에서 말하는 자발성의 관점은 현대 경영이 새롭게 부여하는 자발성의 철학적 근원이 된다. 동시에 근대경영학이 뜻하는 자발성에 대한 인식의 오류를 발견할 수 있게 한다. 자발성은 인간 존재에 대한 믿음에서 출발한다. 이는 인재 중심의 경영이 표방하는 가장 중심적인 가치다.

자율이 의미가 있는 이유는 타인에 의한 구속과 자기 스스로 구속하는 것의 차이에서 온다. 전통적 근대경영은 관리 행위였고, 이는 감시와 통제로 이뤄졌다. 감시와 통제는 효율성을 높이는 데 어느 정도 성공했지만, 탈산업사회로 이전되면서 그 기능을 다했다. 타인의 구속 대신 스스로의 구속이 효과를 높이는 데 기여한다는 사실이 밝혀지면서다.

자율 부여를 통한 창의

자율은 창의발현의 기초다. 타인의 지배나 구속을 받지 않고 스스로 자신만의 원칙에 따라 어떤 일을 하도록 기회를 부여함으로써, 구성원의 창의를 끊임없이 드러내게 하는 것이다. 여기서 자율은 스스로 자신을 통제하여 절제하는 행위 양식을 실천한다는 칸트의 윤리학적 명제에서 이미 무질서가 아님이 확인됐다. 특히, 칸트의 윤리학이 강조하는 자발성은 남의 명령에 의존하지 않으면서도 자신의 욕망에도 사로잡히지 않는다는 점이다. 자신의 의지로 객관적인 도덕법칙을 세우고 절제하여 행동하는 이성의 능력에 대해 신뢰해야 한다. 이것이 창의의 전제조건인 자율이다.

3M의 15%룰은 자율성으로 창의를 살린 대표적인 예다. 전 회장인 윌리엄 맥나이트William McKnight는 근무시간에 대한 통제권의 15%를 구성원들에게 부여했다. 이 15%는 회사와의 계약에 따라 하는 일이 아닌 '실험 삼아 끼적거리는 일experimental dooding'에 사용하도록 했다. 한마디로 의미 있는 낙서 시간이다. 3M의 히트 상품인 포스트 잇, 스카치가드, 섬유보호제, 카펫보호제 등은 끼적이다가 나온 창의의 결실이다.

구글에서는 3M의 15%룰을 받아들여 20%룰로 적용했다. 근무시간 중 80%는 월급을 받는 프로젝트에, 나머지 20%는 스스로 선택한 개인 연구에 투자하도록 했다. 구글 추천 검색어google suggest, 애드센스, 오컷 같은 구글의 작은 변화들은 20%룰의 산물이다.

반면, 자율에 대한 무지가 커다란 실패를 가져오기도 한다. 애플컴의 공동창업자인 스티브 워즈니악Stephen Wozniak이 초기 휴렛패커드에 근무하면서 개인용 컴퓨터의 개발을 제안했을 때, 휴렛패커드의 경영진은 "그건 우선순위가 아니다. 쓸데없는 데 시간 낭비하지 말라"고 핀잔을 주었다고 한다. 만약 자율시간부여제도가 있었다면 개인용 컴퓨터의 역사는 휴렛패커드가 썼을지도

모른다.[57]

자율은 현실적으로 유용성이 매우 크다. 구글의 20%룰은 관리자들에게 해방감을 안겨주고, 잠재 인재들에게 매력적인 회사로 비춰져 이들을 끌어모으는 모집 효과도 있다.[58] 명성을 얻고자 하는 구성원들의 욕망을 채우거나 성과가 낮은 직원들에게는 부족함을 채우는 나머지 공부 시간이 되기도 한다. 이보다 더 의미 있는 일은 기업이 구성원들에게 자율을 부여한다는 메시지다. 생산성 향상이나 신제품 출시라는 희망에 앞서, 구성원들의 역량과 자발적 헌신에 대한 신뢰를 보여주는 것이다.

올바른 권한위임

올바른 권한위임empowerment은 창의의 조건이다. 구성원에게 실질적인 힘을 부여해야 창의가 발현될 수 있기 때문이다. 권한위임은 오랫동안 경영학의 중요 의제로 논의됐으나, 현장에서는 잘 작동하지 않기 때문에 반응이 신통치 않다. 실제로 권한위임은 권한을 위임하는 상사도, 권한을 위임받는 부하도 선뜻 수락하기 힘든 경우가 많다. 상사는 자신의 재량에 따라 권한을 위임한다 해도 책임까지 함께 떠맡기기가 어렵고, 부하는 위임받은 권한이 부담으로 다가오기 때문이다.

때로는 책임을 회피하거나 적어도 나눠서 부담하기 위해 권한을 위임하는 경우도 있다. 이는 권한위임의 형식을 빌린 책임전가나 다름없다. 조직행동이론가인 크리스 아지리스Chris Argyris는 이러한 진정성 없는 권한위임을 벌거벗은 임금님에 비유했다. 누구도 겉으로는 부정할 수 없지만, 속으로는 그것이 성공적이지 못하다고 모두들 인정하는 그런 것이다. 마치 벌거벗은 임금님의 보이지 않는 옷처럼 말이다.[59]

현장에서 잘 이뤄지지 않는다고 해서 권한위임의 힘을 간과해서는 안 된다. 권한위임은 직원들에게서 더 나은 성과를 이끌어내는 데 효과적이다. 직원들은 권한을 위임받으면 스스로를 더 우수한 인적자원으로 담금질하는 기회를 얻게 된다. 이들은 단순한 종업원이 아니라 파트너로 인정받고 싶어 한다. 만일 파트너로 인정받지 못하면 직장을 떠난다. 미국에는 파트너로 인정받지 못하기 때문에 직장을 떠나는 직원이 매년 수천 명에 이른다.[60] 따라서 언제나 기업 내에 창의가 샘솟기를 바란다면, 권한위임을 올바르게 실천해 직원들에게 날개를 달아주어야 한다.

리더십 전문가인 마셜 골드스미스Marshall Goldsmith는 더 뛰어난 직원을 만드는 올바른 권한위임의 방법을 3가지로 제시하고 있다. 우선, 책임질 수 있는 사람에게 권한을 부여해야 한다. 권한위임의 중요성을 부정하지 않으면서도 이를 기피하는 가장 큰 이유는 권한에 대한 부담 때문이다. 권한이 부여돼도 실질적으로 이를 행사할 수 없다면, 해당 직원은 심한 좌절감에 빠지게 되고, 조직에게는 시간 낭비가 된다. 따라서 권한위임을 해나가되 해당 직원의 역량을 고려해 권한의 영역을 조절해야 한다. 무엇보다 권한위임이 원활하게 이뤄질 수 있도록 구성원의 역량을 함양시키는 데 지속적으로 노력해야 한다. 둘째, 권한이 위임되면 불필요한 간섭은 하지 않아야 한다. 반드시 짚고 넘어가야 하는 경우가 아니라면, 위임받은 직원의 결정이나 생각을 의심해서는 안 된다. 그 의심은 권한을 위임받은 직원의 자존심에 상처를 주고, 나아가 생각하는 바를 드러내는 것을 꺼리게 한다. 셋째, 권한을 위임받은 직원이 진취적으로 자신의 능력을 계발할 수 있는 환경을 조성해야 한다. 필요한 역량을 갖춘 직원을 협업자로 지정하거나 소요 예산을 집행할 수 있는 결정권을 부여하는 것 등을 고려할 수 있다.

권한위임이 효과적으로 작동하기 위해서는 구성원들 스스로가 동기부여를 할 수 있도록 해야 한다. 스스로에게 동기를 부여하지 못한다면 권한위임은 구속이나 부담으로 전락하고 만다. 직원 스스로 권한을 부여받고자 하고 그 권한으로 무언가를 성취할 수 있게 스스로를 격려하는 동기부여가 있어야 한다.

동기부여는 외재적인 것과 내재적인 것으로 나뉜다. 외재적 동기부여는 보이는 목표나 물질적 보상책이 대부분이다. 빌 게이츠는 "훌륭한 프로그래머는 돈을 많이 벌겠다 혹은 제품 수십만 개를 팔겠다고 말하지 않는다. 그런 생각은 오히려 문제해결에 아무런 도움을 주지 않는다"[61]라고 잘라 말했다. 이는 외재적 동기부여의 효과가 그다지 크지 않음을 보여준다. 외재적 동기부여가 지나치게 강조될 경우, 거래적 동기부여로 전락하고 만다. 거래적 동기부여는 외재적 보상이 이뤄지는 범위 내에서만 자발적으로 움직이게 한다. 100을 준다면 100만큼의 일만 하겠다는 식이다.

　반면 내재적 동기부여가 충분히 이뤄지면, 구글 관계자의 말처럼 직원들의 모습부터 달라진다. "직원들은 의욕이 가득 차 있다. 무언가 고품질 소프트웨어를 만들겠다는 의지가 눈빛 속에 빛나고 있다." 내재적 동기부여의 핵심은 의욕을 가득 채우는 일이다. 마음속에 의욕이 가득 차기 위해서는 일의 의미와 일을 하는 자의 가치가 동일해야 한다.

실패를 조장해 창의의 기반을 확충하라

실패의 패러독스

'실패를 용인하라'라는 구호는 스탠포드 대학 교수인 로버트 서튼Robert Sutton에 의해 처음 강조됐다.[62] 로버트 서튼은 실패를 처벌하지 말고, 오히려 아무것도 시도하지 않는 나태를 처벌해야 한다고 했다. 아무것도 하지 않으면 어떠한 결과도 얻을 수 없지만, 무엇이든 시도하면 성공이든 실패든 결과를 얻을 수 있다. 만일 실패한다고 해도 그것은 완벽한 실패가 아니다. 실패의 경험은 오히려 자산이 되기 때문이다.

코카콜라, 포스트잇, 비아그라는 실패의 성공이라는 역설로 잘 알려진 사례다. 코카콜라는 소화제를 만드는 과정에서 얻은 실패의 산물이며, 포스트잇은 유리테이프를 만들다가 접착성이 떨어지는 결과물을 언제라도 흔적 없이 띠었다 붙였다 할 수 있는 새로운 상품으로 발전시킨 것이다. 비아그라는 심장치료제를 개발하는 과정에서 임상실험 중 새롭게 발견된 부작용에서 비롯된 것이다.

이렇듯 실패는 성공을 잠재한다. 실패 속에 잠재해 있는 성공을 세상으로 이끌어내는 것이 창의다. 실패는 창의를 발현시키는 기회이자 조건이다. 창의를 발현시키기 위해서는 성공과 실패를 넘어 시도할 수 있는 기회를 폭넓게 제공해야 한다. 시도에는 비용이 따른다. 그러나 비용 감수를 두려워하여 그 기회를 박탈한다면 눈앞의 손실은 막을 수 있지만, 창의의 결실은 얻을 수 없다. 사실 창의 앞에서는 실패든 성공이든 중요치 않다. 창의가 발현된다면 실패는 언제든 성공으로 탈바꿈할 수 있기 때문이다. 그러므로 비용이 얼마가 들더라도 시도하겠다는 의지가 중요하다.

일본전산, 실패의 성공

일본전산日本電産의 신조는 '즉시 한다', '반드시 한다', '될 때까지 한다'다.[63] 안 되는 이유를 먼저 찾는 습관이 들어서는 안 된다는 게 나가모리 시게노부永守重信 회장의 지론이다. 1973년 허름한 창고에서 직원 4명으로 시작한 일본전산은 현재 계열사 140개, 직원 13만 명, 매출 8조 원에 이르는 거대기업이 됐다. 오히려 불황기에 성장하는 회사로 정평이 난 일본전산의 신화 뒤에는 일본전산만의 창의가 자리 잡고 있다. 일본전산의 창의는 문제해결에 몰입하는 문화다. 이는 '문제는 해결되기 위해 존재한다'라는 역전된 인과관계에서 잘 드러난다. 일본전산은 문제를 해결하기 위해 모두가 시간과 열정을 투자한다. 보통은 쉽게 해결하지 못하고 벽에 부딪히면 '안 되는 이유'를 찾아 타협하기 십상이지만, 일본전산은 '끈질긴 놈이 마지막에는 웃는다'라는 말처럼 줄기차게 몰입하고 창의를 발휘해 문제를 해결한다.

일본전산의 실패주의도 눈에 띤다. 감점주의를 가점주의로 대체해 실패를 적극적으로 보상한다. 《일본전산 이야기》를 쓴 변화 코칭 전문가인 김성호의 이야기를 들어보자.

"일본전산 직원들이 직접 쓴 《도전의 길》에 이런 글이 있다. 1979년에 있었던 일로, 당시 입사 3년차였던 핫토리 세이치服部誠 에 관한 이야기다. 핫토리 세이치는 1977년에 입사해 나가모리 사장과 고베 히로시 같은 선배들의 뜨거운 열정을 이어 받아 영업에 열의를 보였다. 그러나 1980년에 그는 자신이 영업한 핸드 마사지기 제조사가 부도를 내는 바람에 모터 대금 7,000만 엔을 회수할 수 없게 됐다. 이 일로 일본전산은 자금흐름이 악화됐고 위기에 내몰렸다. 나가모리 사장도 이때는 '정말 회사가 망할지도 모른다'라는 생각까지 들었다고 한다. 그 일을 벌인 장본인인 핫토리는 그렇게 열심히 뛰고 고생해 얻은 결과가 나쁘게 나오고 보니 실망감이 컸다. 회사에 큰 손해를 끼쳤으니 미안한 생각에 잠 한숨 잘 수 없었다고 고백했다. 그는 우연한 기회에 길거리에서 받은 통신판매용 책자에 소개된 마사지기를 보고 회사명과 주소, 전화번호를 메모했다가 직접 방문해 개척영업을 한 것이다. 발로 뛰어 얻어낸 자신의 거래처였다. (중략) 그런 거래처가 부도를 냈으니 핫토리 입장에서는 실패할 일을 찾아서 한 것 같은 자책감이 들었던 것이다. 그러던 어느 날, 나가모리 사장이 핫토리를 불렀다. 그리고 단 한마디로 상황을 정리해주었다.

'이번 일로 자네 공부 많이 했지? 공부했으면 됐다.'

실패의 이유를 깨닫고 앞으로 더 열심히 하면 된다는 말이었다. 나가모리 사장은 열심히 한 것에 대해서는 호통 치지 않는다. 당연한 일을 실수하거나 작은 일을 소홀히 했을 때 호통을 친다. 대수롭게 여긴 작은 것 때문에 나중에는 더 큰 일이 터질 수 있기 때문이다."[64]

실패를 용인하고 오히려 적극적으로 보상하라는 역설은 창의를 완성하는 정설이다. 여기에는 실패 속에서 성공을 찾을 수 있다는 자신감, 시도 자체가 의미가 있으며 성공은 나중이라는 믿음, 반드시 성공할 수 있는 역량이 있다는 구성원에 대한 믿음, 시도의 기회와 공간을 제도화하는 투자가 있다.

집단사고를 경계하라 :
화이부동의 지혜

챌린저호의 실패

1986년 미국의 25번째 우주왕복선 챌린저호의 실패에 대한 심리
학적 해석은 어빙 제니스Irving Janis의 집단사고로 설명할 수 있다.
몇 차례나 발사시기를 연기해야만 했던 챌린저호는 결국 무리하
게 진행된 탓에 발사 73초 만에 공중에서 폭발하고 말았다. 보는
이의 충격은 말할 것도 없고, 이 사고로 탑승자 7명이 전원 사망
했으며, 냉전시대의 끝자락이긴 했지만 당시 우주개발을 선도한
다는 미국의 자존심도 함께 무너졌다. 폭발 사고가 있던 1월 28
일 며칠 전부터 NASA 내부에서는 챌린저호의 발사 여부를 둘러
싸고 여러 차례 토론을 했다. 그러나 4차례의 발사시기 연기는
전문가들에게 커다란 부담이었다. 결국 발사시기를 더는 늦춰서

는 안 된다는 집단적 사고가 형성됐고, 그 결과는 참혹했다.

집단사고란 응집력이 강한 집단 구성원들이 만장일치를 이루려는 경향으로 잘못된 판단에 이르는 현상이다.[65] 집단사고는 집단의 목표나 의식 때문에 구성원 개개인의 사고를 받아들이지 못하는 데서 비롯되는 불합리한 결과다. 인류의 역사 가운데 참혹한 사건들은 대부분 집단사고가 극단적으로 그 모습을 드러낼 때 발생했다. 1차 세계대전 이후에 발흥發興한 독일의 나치즘도 무너진 자존심을 회복하려는 독일인의 집단사고에서 비롯됐다. 독일의 심리학자인 에리히 프롬 Erich Fromm은 이를 '자유로부터의 도피'라고 했다. 인류에게 자유란 많은 희생을 치르고 얻은 보상이다. 중세의 암흑기와 근대의 절대왕정을 거치면서 평범한 인간에게 자유란 투쟁 없이는 얻을 수 없는 힘겨운 소망이었다. 자유를 포함한 민주주의의 가치를 발견하고 이를 실현하는 과정에서도 피 흘리는 투쟁이 뒤따라야 했다. 하지만 마침내 원하는 것을 손에 쥐었을 때, 자유는 인간을 자유롭게 하기보다 무질서와 방종을 불러왔다. 프랑스의 사회학자 에밀 뒤르켐 Emile Durkheim의 자살 연구에서 유래한 아노미 anomie* 같은 상황에서 인간은 그토록 원했던 자유로부터 도피하고 만다. 그 도피처는 권위주의와 자동형 인간이다. 권위주의의 지배 속으로 도피함으로써 자유가 부과한 책임을 회피하는 자동형 인간이 되고자 하는 불합리한 소망이 집단사

---

* 가치관이 붕괴되고 목적의식이나 이상이 상실됨에 따라 사회나 개인에게 나타나는 불안정 상태.

고를 불러일으킨다. 나치는 이렇게 부흥했고, 집단사고의 광기는 마침내 국가를 삼켜버렸다. 하물며 기업은 말해 무엇 하겠는가.

화이부동의 지혜

《논어》〈자로〉에 '군자는 화이부동和而不同하고 소인은 동이불화同而不和한다'라는 글귀가 있다. 이에 대한 일반적인 해석은 "군자는 화목하되 부화뇌동하지 아니하며, 소인은 동일함에도 불구하고 화목하지 못한다"이다. 그러나 성공회대학교 석좌교수이자 진보적 학자인 신영복은 화和와 동同을 대비로 보지 않는다. 화목하다 해도 줏대 없이 남의 의견에 따라 움직이는 동으로 이해해서는 안 된다는 점을 강조한다.

"화의 논리는 다양성을 인정하는 관용의 논리이면서 나아가 공존과 평화의 원리입니다. 그에 비해 동의 논리는 지배, 흡수, 합병의 논리입니다. 동의 논리 아래에서는 양적인 발전만이 가능합니다. 질적인 발전은 다양한 가치가 공존하는 화의 논리에 의해서만 가능하다 할 수 있습니다. 따라서 위의 화동론은 다음과 같이 읽는 것이 옳다고 생각합니다. '군자는 다양성을 인정하고 지배하려 하지 않으며, 소인은 지배하려 하며 공존하지 못한다.'"[66]

화이부동에 대한 신영복의 탁월한 해석은 경영이 추구해야 하는 바다. 그의 해석 안에는 다양성을 인정하고 지배하려 들지 않는 리더의 넉넉한 모습과 외부와 공존해야 하는 기업의 의무, 집단사고에 대한 성찰적 경계가 함께 담겨 있다.

창의는 화와 동을 구별하는 데 있다. 기업은 늘 효율성의 덫에 사로잡혀 일사분란一絲不亂을 추구한다. 화동론으로 그 일사분란은 다사분란多絲不亂으로 재정의돼야 한다. 집합적으로 행동하되 개별적으로 사고하라는 명제처럼 '동同'에 대한 경계는 늘 살아 있어야 한다.

창의를 습관화하라

《한국경제신문》의 인터뷰 기사 중 한 대목이다.

"일본에서 나온 '코 필터'란 제품이 있어서 우리GEN3가 개발해 준 것인데, 알레르기 비염이 있는 사람이 약을 먹을 수도 있지만 부작용이 있어요. 그래서 코에 필터를 끼는 데, 문제는 호흡이 어려워진다는 것입니다. 우리는 그 문제를 해결해야 했어요. 문제를 일반화해보면 결국 '공기에 포함된 인자를 걸러내는 것'이죠. 우리는 자체 데이터베이스를 통해 먼지 입자가 가장 치명적인 분야가 어디인지 찾아봤습니다. 사람의 알레르기를 막기 위한 제품이라면 먼지 입자가 100~1000개 정도 있다고 해서 사람이 죽지는 않지요. 하지만 어떤 산업에서는 먼지 입자가 하나만 있어도 문제가 될 수 있어요. 이를테면, 반도체공장의 클린룸이 예가 되겠죠. 그런데 그 노하우를 코에 적용하는 데는 문제가 있었어요. 그래서 차선책으로 찾은 해답이 시멘트 공장의 원심분리를 통한 집진장치입니다. 시멘트 원료를 분쇄할 때 미세 먼지가 발생하는데, 오염을 막고 원료의 손실을 줄이기 위해 그런 장치를 쓰고 있었습니다. 이것을 응용한 것이 코 필터입니다."

이 기사에서 비염환자를 대상으로 한 의료장치를 찾아내기 위한 해결책을 시멘트 공장의 원심분리 집진장치에서 찾아냈다. 마치 1912년 컨베이어 벨트에서 시작된 테일러의 원리가 시카고의 정육점 트롤리에서 온 것처럼 말이다.

이는 최근 주목받고 있는 트리즈TRIZ를 적용한 사례다. 러시아어 'Teoriya Resheniya Izobretatelskikh Zadatch'의 준말로 창의적 문제해결기법이라는 의미다. 트리즈의 제1원리는 '모든 근본원리는 결국 통한다'이며, 이는 곧 '다른 곳에 답이 있다'라는 명제로 이어진다. 문제를 사방에 알리고 이를 해결할 수 있는 전문가를 찾는 오픈 이노베이션open innovation과 비슷하다. 오픈 이노베이션이 관련 분야의 전문성에서 해답을 찾는다면, 트리즈는 이질적인 분야까지 확대하는 개방성이 특징이다. 문제를 누구나 이해할 수 있게 재정의하고 관심 있는 사람들이 자신의 지식과 경험에 기초해 해답을 내놓을 수 있게 했다는 점에서 오픈 이노베이션의 창의적 변형이기도 하다.

구글도 트리즈의 원리 가운데 시간배분의 원리를 적용해 배너광고를 하고 있다. 배너광고는 검색엔진 사업에서는 수익 창출의 원천이다. 그러나 수익을 선택하면 관심 없는 광고까지 봐야 하는 고객의 불만족을 가중시키게 되고, 고객을 만족시키자니 수익을 포기해야 하는 모순이 생긴다. 그리하여 구글은 이 문제를 해결하기 위해 '있기도 하고 없기도 한 배너'를 선택했다. 즉 시간을 나누어 배너광고가 있는 시간과 없는 시간으로 분리해 운용하는 것이다. 첫 화면에서 배너광고를 없애는 대신, 사용자가 어떤 내용을 검색하면 그때 관련 정보를 제공하면서 동시에 스폰서 링크 형태로 광고 사이트를 띄우는 식이다.[67]

트리즈는 시간의 분리, 공간의 분리, 전체와 부분의 분리 등을 시스템으로 구축해놓고, 그 과정을 따라가게 함으로써 문제 해결에 이르게 한다. 특히 트리즈는 창의를 발현시키는 과정을 시스템으로 만드는 장점이 있다. 마치 공장에서 자동차를 만들어내는 것처럼, 일정한 과정을 거치면 창의라는 상품(문제해결)을 찍어내는 것이다. 창의의 습관화를 위한 프로세스라는 점에서 주목할 만하다.

Chapter 6

소통하고, 소통하고, 또 소통하라

소통, 그 특별한 의미

소통의 다양한 형식

소통은 형식에 따라 집합적 소통과 개별적 소통으로 구분할 수 있다. 집합적 소통은 집합적 실체를 중심으로 이뤄지는 소통이다. 회사라는 집합체를 대표하는 경영진과 노동조합 또는 노동자의 대의기구를 대표하는 노동자 간의 소통이 이뤄지는 식이다. 소통의 주체가 집합이라는 의미는 소통의 산물이 힘에 의존함을 의미한다. 양자의 힘의 세기에 따라 소통의 산물이 불균형하게 배분된다. 힘의 관계에 기초한 소통은 성격상 협력적이기보다는 갈등적이다. 따라서 소통의 과정에서 거래비용이 불가피하게 발생된다.

반면, 개별적 소통은 경영자와 구성원 또는 구성원들 간의 소통으로 주체가 개별이라는 점에서 집합적 소통과 다르다. 구성원은 개별적 소통을 통해 불만과 고충을 자유롭게 표출하고 협의하며, 경영과 관련된 의사결정 과정에 참여함으로써 자신의 목소리를 낸다. 최근에는 상하 간 소통과 함께 횡적 소통의 중요성도 매우 높아지고 있다. 횡적 소통이 중요해지는 이유는 협력과 협업이 경쟁력을 결정하는 중요한 요소이기 때문이다. 특히 협업은 개인의 창의를 조직 차원의 지(知)로 끌어올릴 수 있다는 점에서 창의를 구현하는 구체적인 방안이며, 그 질은 소통에 달렸다.

선진기업에서 보편적으로 발견되는 직접관계모델은 이를 반영한다. 구성원들이 고충이나 불만, 제안, 의견 등을 자유롭게 표출할 수 있는 통로를 제도화함으로써 상하 간 직접 소통이 가능하다. 마이크로소프트사의 경우, 현장 관리자들은 격주마다 직원들과 개별면담을 실시한다. 직원들의 의견을 피드백함으로서 불만과 고충을 해소하고 제안을 받아들인다. 특히 현장에서 즉시 불만이 해소될 수 있도록 현장관리자에게 연봉조정권 등 실질적 권한이 부여돼 있다. 해마다 이뤄지는 MGB MicroSoft Global Briefing도 마이크로 소프트사의 특징적인 소통축제다. 매년 본사 소재지인 시애틀 야구장에서 3~4일간 설명회가 이뤄진다. 이때도 개인의 의견을 반드시 피드백함으로써 공감대를 형성한다.

델의 Direct Talk도 온라인을 활용한 직접소통 모형이다. 델은 회사와 종업원 간의 직접관계 direct relationship를 강조한다. 관리자와 종업원이 직접 소통할 수 있는 채널을 구축해 적극적으로 표현하고 청취하는 조직문화를 형성하는 것이 델의 직접관계모형의 핵심이다. 이때 CEO나 관리자의 핵심역량은 직원들이 자유롭게 비판할 수 있는 분위기를 조성하는 것이다. Direct Talk이라는 온라인 의사소통 시스템을 활성화하여 어느 곳에서든 어떠한 주제라도 의견을 내놓을 수 있다. 피드백의 내용은 2주간 게시해 모든 직원들이 공유할 수 있도록 한다. Tell Dell 프로그램-지역 및 해외에 근무하는 직원들과 소통하는 시스템 - 멘토링, Networking Community 등은 직접소통 모형의 대표적 예다. 이외에도 휴렛패커드의 오픈도어Open Door 정책, 월 마트의 핫라인Hot Line도 이에 포함된다.

개별적 소통의 한계와 집합적 소통의 중요성

개별적 소통의 중요성은 새삼 강조할 필요가 없다. 그러나 소통을 완성하기엔 부족하다. 그 이유는 집합적 소통이 발전하게 된 배경에서 찾을 수 있다. 집합적 소통은 그 형식이 개별적 소통에 비해 무겁고, 자주 이뤄지지 않으며, 상대적으로 비용이 많이 든다. 그런데도 집합적 소통이 발달하게 된 이유는 노동자의 요구 때문이다.

노동자는 관리자와의 관계에서는 힘의 열세에 놓여 있다. 제아무리 잘 짜인 제도라 해도 노동자가 자신의 고충이나 불만, 경영에 대한 의견을 자유롭게 제기하는 데는 한계가 있다. 특히, 인사고과나 성과평가 등 평가권한을 갖고 있는 관리자에게 직접적으로 의견을 드러내는 것은 심리적 부담이 따른다. 노동조합이라는 집합체가 출현하게 된 동기 중 하나는 노동자들이 불만 표출로 처하게 되는 불이익을 대신하기 위해서다.

집합적 소통이 필요한 또 다른 이유는 개별적 소통으로 쉽게 다룰 수 없는 문제를 논의할 수 있는 소통 포럼이기 때문이다. 개별적 소통은 개인적 고충에 합당한 정도의 양과 질에 한정된다. 그러나 집합적 소통은 개인 차원을 넘어서 회사 경영과 관련된 중요한 의제들을 함께 토론할 수 있고, 개선 방안을 마련하는 과정에서 구성원이 실질적인 영향력도 행사할 수 있다는 점에서 매우 매력적이다.

개별적 소통체제는 사용자가 우위에 설 가능성이 높다는 점도 집합적 소통이 필요한 이유 중 하나다. 경영과 관련된 의사결정 참여는 경영자가 이미 짜놓은 구도 속에서 이뤄진다. 제안제도 suggestion Box 나 품질분임조 quality control circle 등 개별 종업원에게 허용된 의사결정 참여는 생산성 향상을 주된 목적으로 하기 때문에 사용자가 주도권을 행사한다. 그러므로 잘못 운용될 경우에는 노동자에게 부담만 가중된다.

제안제도나 품질분임조는 '개선(카이젠)의 혁명'을 이룬 도요타자동차가 원조격이다. 대부분의 품질개선활동은 업무시간 외에 이뤄지는 '자발적' 활동이다. 그러나 자발성의 이면에는 숨겨진 타율이 있다. 개선활동의 실적은 성과급으로 이어지므로 실적이 낮은 직원은 이에 대한 부담 때문에 '자발적' 시간을 더 많이 할

애한다. 노동자 간의 경쟁고리가 만들어지면서 회사의 실적은 성장하지만, 그만큼 노동자는 장시간 노동과 피로에 짓눌린다. 〈토요타의 어둠〉이 밝히는 도요타 노동자의 모습은 성장의 뒤편에 숨겨진 또 다른 착취이기도 하다.[68] 이렇듯 개별적 소통은 자칫 회사의 성과만을 추구할 뿐 근원적 목표인 구성원의 만족, 일에 대한 몰입, 자기실현 같은 상위의 가치를 도외시하기 십상이다. 집합적 소통은 개별적 소통의 한계를 넘어 구성원의 가치를 실현하는 데 부합하는 소통체제를 완성할 수 있다는 점에서 잘 발전돼야 한다.

차이를 긍정하라

차이의 긍정, 차이의 존중

집합적이건 개별적이건 소통은 차이에 대한 긍정을 전제로 한다. 소통의 대상인 '막혀 있는 상태'란 다름 아닌 차이의 존재를 뜻하기 때문이다. 첫째는 무지라는 형태의 차이다. 어떤 정보에 대해 알지 못하는 무지는 앎과의 차이다. 둘째는 오류라는 형태의 차이다. 무언가에 대해 잘못 알고 있는 오류는 제대로 이해함과의 차이다. 셋째는 다름이라는 형태의 차이다. 이는 잘잘못의 차원이 아닌, 서로 다른 관점에서 비롯된 차이다. 원활한 소통을 위해서는 이 3가지 형태의 차이에 대해 올바르게 인식해야 한다. 차이의 성격에 따라 소통의 방식과 목적이 달라지기 때문이다.

무지로 인한 차이를 극복하기 위해서는 새로운 정보를 공유해야 하고, 정보와 사실을 중심으로 소통이 이뤄져야 한다. 정보를 보내는 자sender는 새로운 것에 대한 명확한 이해, 판단을 위한 많은 양의 객관적 사실 등을 갖춰야 한다. 오류라는 차이를 극복하고 공유의 상태가 되기 위해서는 '오류'가 사실인가에 대한 판단을 해야 한다. 상대방이 이견을 보일 경우, 대부분은 상대방이 오류를 범한다고 믿는다. 그러나 자신이 잘못 이해하는 경우도 있고, 오류라기보다는 의미 있는 다름일 수도 있다. 따라서 지금의 막혀 있는 상태가 오류의 상태인가를 먼저 판단해야 한다. 오류가 아닌 상태를 오류로 잘못 인식하는 경우에는 이를 해소하기 위한 노력이 허사가 될 수 있다. 많은 사람들은 자신의 경험, 지식 등으로 선택적 주목에 빠져 있다. 상대가 오류의 상태에 빠져 있다면, 오류의 지점을 찾아내야 한다.

다름과 프레임

소통을 가로 막은 차이가 다름, 즉 '서로 다른 어떤 것일 뿐인 상태'라면, 이는 시간을 충분히 투자할 만한 '가치 있는 차이'다. 다름이라는 차이를 이해하고, 가치 있는 어떤 것을 발견하기 위해서는 프레임을 이해해야 한다. 프레임frame이란 뼈대나 구조를 뜻하는 말로 공학, 전산, 통신 등 다양한 분야에서 사용된다. 심리학에서는 인식의 틀을 지칭한다. 즉, 자신의 경험을 바탕으로 사물이나 현상의 의미를 효율적으로 파악하기 위해 생각의 처리 방식을 공식화한 것을 말한다. 서울대 심리학과 최인철 교수는 프레임을 '세상을 바라보는 마음의 창'으로 정의한다. 즉, 프레임은 어떤 문제를 바라보는 관점이나 사고하는 방식이며 오류, 편견, 오해를 만드는 핵심이다. 따라서 프레임을 이해하는 것이야말로 (오류나 오해로부터 벗어나는) 자신의 한계를 깨는 마음경영법을 터득하는 지름길임을 강조한다.[69]

프레임은 어떤 상황에 대해 무조건적으로 반응하는 경향이 있다. 이는 어떤 사물이나 현상을 처음 접했을 때 자신이 갖고 있는 프레임에 따라 즉각 이해됨을 의미한다. 이해되는 순간 '이해된 상태'가 되기 때문에 고정관념이나 편견이 되기도 한다. 이는 회복이 불가능할 만큼 매우 속성이 강력하다.

프레임은 한 번 형성되고 나면 쉽게 변하지 않는다. 반복되는 경험으로 가장 효율적인 생각의 방식을 찾아낸 결과이므로 근원적 회의를 반복하지 않는다. 흔히 말하는 세대차이도 그 세대만이 경험할 수 있는 독특함으로 형성된 프레임의 차이일 가능성이 높다. 이런 까닭에 잘 바뀌지 않고 극복하기도 힘들다. 그러나 프레임은 구체적이고 개별적인 경험으로 얻은 효과적인 반응양식의 결과이기 때문에 존중해야 할 가치가 있다.

소통은 기존의 차이를 극복하고 새로운 차이를 형성하는 과정이기도 하다. 새로운 차이란 이전보다 질적으로 나아진 상태를 말한다. 차이가 없는 상태란 없다. 공유된 상태는 발전을 위한 또 다른 차이를 잉태하는 과정일 뿐이다. 공유된 상태는 안정적이거나 확정된 것은 아니다. 환경의 변화, 구성원의 변화, 인식의 변화 등으로 새롭게 공유된 상태는 다시 차이의 상태로 전환된다.

소통의 목적을 공유의 상태에 한정해서는 안 된다. 공유의 상태는 문제가 해결된 상태일 수 있으나, 시간이 지날수록 정체된다. 소통은 무언가를 위해 계속 진보하는 동태적 과정이다. 동태적 과정으로서 소통이 의미를 갖기 위해서는 다름을 새로운 차이, 즉 더욱 발전되고 도전적인 어떤 것으로 만들어내는 역동적 과정이어야 한다.

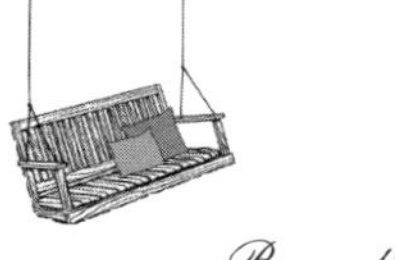

새로운 집합적 소통포럼을 구축하라

이익대표체제의 필요성

비노조경영은 구성원의 이익대표체제를 발전시킴으로써 집합적 소통포럼의 장을 구축해야 한다. 비노조경영은 개념상 노동조합의 존재 유무로부터 자유롭지만, 현실적으로 노동조합이 조직돼 있지 않은 무노조사업장일 가능성이 높다. 노동조합이 존재하지 않을 경우 또는 노동조합이 이익대표체제로서 제대로 기능하지 못할 경우, 대안적 이익대표체제가 잘 발달돼야 한다. 이는 앞서 설명한 바와 같이 개별적 소통만으로는 소통을 완성하는 데 한계가 있으며, 집합적 소통을 통해 보완돼야 하기 때문이다.

비노조경영에서 집합적 소통체제를 잘 구축해야 하는 또 다른 이유는 개별 구성원의 노동기본권을 수용하고 보장하는 제도화된 틀을 갖출 필요가 있기 때문이다. 그동안 비노조경영에 대한 비판적 평가는 노동조합에 대한 부정에서 기인한다.* 이 책에서 일관되게 주장하는 비노조경영은 노동조합의 존재 가치를 부정하지 않는, 오히려 적극적으로 긍정하되 노동조합이라는 형식이 아닌 전략적 인적자원관리라는 형식으로 구성원의 일과 삶의 질을 향상시켜나가는 정책이다.

그러므로 비노조경영이 바람직한 노사관계 정책으로 인식되기 위해서는 구성원의 결사하고자 하는 요구, 결사를 통해 참여하고자 하는 요구, 이를 통해 자신의 의견이 반영되고 그 결과를 향유할 수 있다는 기대와 요구를 충족시키는 공간이 허용돼야 한다. 따라서 비노조경영은 집합적 소통체제를, 구성원의 자발적 결사와 이를 통한 참여의 기회를 확대해 자신의 요구를 실현할 수 있는 하나의 체제로 발전시켜 나가야 한다.

비노조경영에서의 집합적 소통과 관련해 우선적으로 검토해야 하는 개념은 '비노조종업원대표제non-union employee representation arrangement, NER'다. 2002년 유럽연합에서 '근로자 정보제공과 협의에 관한 지침'이 채택되면서 유럽을 중심으로 비노조종업원대표제에 대한 논의가 활발히 이뤄지고 있다.[70] 학자마다 조금씩 다른 정의를 내리고 있지만, 대체로 비노조종업원대표제란 기업의 구성원이 작업장에서 의사결정 과정에 참여함으로써 영향력을 행

---

* 물론 이때의 비노조경영은 반노조주의로 잘못 발현된 경우다.

사할 수 있도록 제도화된 소통체제로, 노동조합이 아닌 제도를 말한다. 이때 '비노조non-union'는 소통체의 형식이 노동조합이 아님union-independent을 의미한다. 따라서 비노조종업원대표제는 노동조합주의에 대한 대안적 체제alternative form의 의미가 커서 대안적 소통체제로 부르는 이도 있다.[71]

이에 대한 논의가 관심을 끄는 이유는 무노조사업장이 크게 증가하고 있기 때문이다. 노동조합의 부재는 작업장 내에 노동자의 요구와 이익을 대표하는 소통체제의 부재를 의미한다. 참여 기회의 부족은 작은 문제를 큰 문제로 만들어, 작업장 내 불만을 가중시킨다.

노동조합운동의 위기는 다양한 이익대표체를 탐색하게 하는 또 다른 이유이기도 하다. 프리만과 로저스의 연구에서 응답 노동자 중 61%가 노사공동위원회 형식을 가장 효과적인 소통체제로 보았다. 반면 노동조합을 꼽은 응답자는 23%에 그쳤고, 나머지 16%는 법에 의한 보장을 선호했다.[72] 이는 미국의 특수한 경험을 반영하는 것이므로 우리나라에 직접 적용될 수 있는 것은 아니다. 특히 미국의 노동운동은 1980년대 이후 지속적으로 하락해왔으며, 노동조합에 대한 노동자나 국민들의 인식이 우리와 크게 다른 점도 간과해서는 안 된다. 그러나 미국의 사례가 보여주는 시사점은, 노동자들이 원하는 소통체제의 형식은 노동조합에만 한정되지 않는다는 사실이다. 노동조합운동의 위기가 지속되면서 노동조합의 유일성의 지위는 점차 약화되고 있다. 비노조종업원대표제가 주목받는 이유가 여기에 있다.

대안적 소통체제

비노조경영이 완성해야 하는 집합적 소통체제는 어떤 모습이어야 할까? 비노조종업원대표체제에 관한 논의를 토대로 설명하면 다음과 같다. 우선 대안적 소통체제에 대한 개념부터 명확히 할 필요가 있다. 대안적 소통체제란 경영자와 구성원의 대표체가 근로조건뿐만 아니라 작업장에서 발생하는 다양한 문제에 대해 협의하고 상생의 대안을 함께 모색할 수 있는 포럼이라 정의할 수 있다. 이는 노동조합이 중심이 된 집합적 소통체제와 여러 차원에서 구별된다.

첫째, 구성원을 대표하는 대표체는 노동조합이 아닌 대안적 형태의 집합체다. 노동조합이 아니므로 노동관계법에서 규율하는 노동조합의 구성 요건을 모두 갖출 필요는 없다. 산업이나 업종의 특성, 구성원의 특성, 기업문화 등에 따라 다양한 형태의 구성원 대표체가 만들어질 수 있다.

둘째, 협의의 대상이 근로조건에 한정되지 않으며 작업장 내에 발생하는 모든 문제를 아우른다는 점에서도 노동조합의 단체교섭의 범위와 구별된다. 나라마다 다르지만 노사 간 단체교섭의 범위는 대개 근로조건에 한정되는 것이 일반적이며, 경영권의 영역에는 노동조합이 개입할 수 없도록 법으로 제한하는 경우도 많다.

셋째, 대안적 소통체제는 협의를 중심으로 운용된다. 협의

consultation는 교섭bargaining보다 넓은 의미로 교섭을 포함하는 개념이지만 문제에 대해 대안을 탐색하는 논의과정에 초점을 두는 반면, 교섭은 당사자의 주장을 절충하는 데 초점을 둔다. 물론 대안을 탐색하는 형성적 교섭이 이뤄지기도 하지만 교섭은 근본적으로 당사자의 입장을 명확히 하고 이를 절충함으로써 문제를 해결하는 것이 목적이다.●

제대로 된 협의를 위해서는 '협의'된 사안들에 대한 책임 있는 조처와 피드백이 필요하다. 교섭에 비해 협의가 허약하다고 인식되는 이유는 협의된 사안에 대한 이행강제의 수단이 없기 때문이다. 노동관계법은 교섭의 결과인 단체협약에 대해 법 또는 법보다 우월한 지위를 보장한다. 그러나 교섭은 구속력 있는 결과물을 산출해내는 과정이기 때문에 갈등을 수반한다. 많은 경우에는 이기고 지는 싸움 또는 전부 혹은 전무의 대립관계를 고착시키기도 한다. 교섭 당사자들이 사안에 대한 이해가 부족하거나 (또는 다른 시각으로 이해하거나) 경직된 입장을 고수할 경우, 전반적인 협상능력이 부족할 경우, 교섭은 진전되기보다는 갈등을 고조시킨다. 협의는 비구속적이라는 점에서 교섭보다 약한 수단이나 갈등적 구조라기보다는, 대안 탐색에 초점을 두는 비갈등적 구조라는 장점을 갖고 있다. 따라서 협의의 장점을 극대화하고 동시에 협

● 임금 등 근로조건에 대한 협의는 경영진과 구성원의 입장이 명확할 가능성이 높으므로 이에 대한 협의는 자연스럽게 교섭의 과정으로 전환된다. 일정한 절충안에 대해 당사자들이 합의할 때 문제가 해결된다는 점에서 이때의 협의는 교섭의 과정이다. 그러나 근로조건과 같은 분배적 이슈 이외에 경영과 관련된 이슈에 대한 토론은 다양한 대안을 탐색하고 토론하는 과정이라는 점에서 교섭보다 협의에 가깝다.

의의 결과가 실질적인 발전으로 이어질 수 있도록 경영진이 스스로를 구속해 협의된 사안을 이행하는 노력을 보여야 한다. 이는 협의와 교섭의 장점을 모두 살려 더 수준 높은 합의를 실천하는 밑거름이 된다.

대안적 소통체제는 자율과 합의라는 문화에서만 성장할 수 있는 만큼, 자율과 토론의 문화를 지속적으로 발전시켜나가야 한다. 프렌켈과 그의 동료들은 합의중심의 문화consensual workplace culture가 잘 발달한 기업일수록 비노조종업원대표제가 실질적으로 활성화됨을 밝히고 있다.[73] 합의중심 문화의 밑바탕에는 사람중심people centeredness이라는 가치가 있기 때문이다. 특히 잠재역량을 갖춘 인재를 소중히 여기는 인간관을 바탕으로 자율과 합의의 문화를 잘 키워낼 때 대안적 이익대표체제 중심의 집합적 소통은 발전할 것이다. 명령과 통제중심의 경영이 노동조합이라는 저항적 집합체를 낳았다는 점을 고려한다면[74], 자율과 합의라는 가치는 비노조경영에서 더욱 큰 의미를 갖는다.

대안적 소통체제의 전제조건

'대안적 소통체제'로서 의미를 갖기 위해서는 몇 가지 전제가 충족돼야 한다. 구조의 측면에서 볼 때, 구성원 대표체의 성격은 어떠해야 하는가가 문제다. 구성원 대표체는 경영자로부터 독립성을 보유해야 한다. 이익대표체의 구성과 운영에서 경영진의 간섭이나 개입, 지배 등으로부터 자유로워야 함을 의미한다. 구성원의 자발적 참여로 이뤄지는 민주적 대표체가 대안적 이익대표체의 본 모습이다. 구성원만으로 구성된 결사체이므로 노사가 함께 참여하는 (조직적으로 통합돼 있는) 노사공동위원회joint labor-management committees나 노사협의회와 구별되며, 형태상으로는 종업원평의회와 유사하다. 노사가 공동으로 참여하는 협의회도 하나의 대안이 될 수 있으나, '독립된 자발적 결사체'라는 속성을 강화하기 위해서는 구성원들로만 구성된 독립된 조직이 바람직하다. 특히 우리나라의 경우, 법에 의해 규정된 노사협의회가 회사마다 운영되고 있으나 뚜렷한 성과를 내지 못하고 있고 그다지 믿음직하지 못하다.

경영자로부터 독립돼 있으면서 구성원들이 자발적으로 참여한다는 점에서 대안적 이익대표체는 노동조합과 유사하다. 이익대표체에 가입할 수 있는 구성원의 범위는 기업에 따라 다르지만, 가급적 폭이 넓을수록 바람직하다. 자신의 요구를 자유롭게 드러낼 수 있는 기회를 폭넓은 구성원들에게 허용해야 하기 때문이다. 이로써 노동조합이 보여주는 배타성을 극복할 수 있다. 노동조합은 노동자의 지위와 작업 형태 등 특성에 따라 다른 노동조합으로 조직되는 경우도 있으며, 정규직 남성 노동자 중심의 노동조합운동이 발달한 곳에서는 비정규직, 여성 노동자 등에 대해 배타적이기도 하다. 이는 경제주의적 노동조합주의가 발달한 곳에서 더욱 두드러지는데, 우리나라 노동조합운동이 비정규노동을 품지 못하는 구조적인 이유도 여기에 있다.* 특히 비정규직에 대한 차별은 기업과 노동조합 모두 책임으로부터 자유롭지 못한 것이 지금의 현실이다. 대안적 종업원대표체는 지위, 신분, 성, 국적을 불문하고 고용관계에 있는 모든 종업원들을 대표해 실질적으로 기능해야 하며 비정규직을 비롯한 모든 고용 형태를 모두 아울러야 한다.

대안적 종업원대표체는 구성과 기능에서 노동조합과 유사하고 이를 넘어서고 있으나, 임의성을 띤다는 점에서 노동조합과 차이가 있다. 노동조합은 (대부분의 나라에서) 법에 의해 보호되고 규율되는 사회적 제도인 반면, 대안적 이익대표체는 기업 단위에서 경영자와 구성원 간의 합의에 의해 구성되고 운영되는 임의적 제도다. 노동조합의 공식적 제도화는 지속가능한 실체로 기능할 수 있는 유용성을 높인다. 대부분의 나라에서 기본권에 기초한 권능을 부여한다는 점도 노동조합의 제도적 안정성을 높이는 요소다.

대안적 이익대표체는 임의성이 특징이므로 노동조합에 비해 상대적으로 불안정하다. 경영자의 의지에 따라 형식뿐인 실체로 전락할 가능성도 있다. 따라서 임의성을 보완하고 지속가능한 실체로 발전하기 위해서는 작업장 단위의 보호장치가 필요하다.

• 흔히 우리나라 노동조합주의를 이념에 편향됐다고 비난하지만, 나는 여기에 동의하지 않는다. 1970년대 이후 민주노동조합운동은 이념에 기초해 성장한 것이 사실이다. 당시 한국 사회의 성격을 규명하고 바람직한 사회로 만들기 위해서는 어떤 모순을 먼저 타파해야 하는가의 문제가 중요했기 때문이다. 그러나 1990년대 이후 노사관계는 경제주의로 치우치는 경향이 강하다. 근로조건 등 물질적 분배가 주된 관심사가 됐으며, 정치적 이슈는 상층 조합간부들의 문제일 뿐 일반 조합원들의 관심 밖으로 밀려나 있다. 이념과 전투성은 경제적 보상을 극대화하기 위한 명분과 전략으로 작동하는 것이 일반적이기 때문이다. 노동조합의 상층을 구성하는 리더십의 경우 이념과 노선에 따라 분화된 모습을 보이지만, 이 역시 이념적 내용과 정향定向이 명확하게 차별되지 않다는 점에서 서구의 이념적 노동조합주의와 동일시하는 것은 무리다.

즉, 노사의 공동약속으로 보장하고, 이를 공식화하는 방법을 (예를 들면 취업 규칙에 명시하는 방법) 발전시켜야 한다. 늘 강조되지만 여기에서도 경영자의 인식과 의지가 중요하다. 노조경영을 실천하는 경영자는 대안적 이익대표체의 필요성을 인식하고, 구성원들의 자발적 의사에 기초한 이익대표체로 발전할 수 있도록 공간을 보장해야 하며, 필요할 경우에는 집합적 소통의 장으로 거듭날 수 있도록 필요한 지원을 아끼지 말아야 한다. 또한 필요한 지원과 대표체에 대한 간섭과 개입을 구분해야 함은 물론이다.

한편, 대안적 소통체제는 노동조합 형식이 아닌 구성원들의 자발적 결사체가 중심이 된 이익대표체제라는 점에서 경영자 우위를 허용해서는 안 된다. 경영자의 지배전략의 도구로 전락하는 순간, 대안적 대표체는 '대안적'이 될 수 없으며, 비노조경영이 추구하는 구성원 전체의 일과 삶의 질 향상이라는 목적도 달성할 수 없다. 대안적 이익대표체가 경영진으로부터 독립성을 확보하지 못하면 구성원에게서 배척당할 것이며, 노동조합으로 전환되는 씨앗조직이 될 수도 있다. 이는 캐나다 정유회사인 임페리얼 오일사의 경험*에서 잘나타난다.

또한 폴 골랜Paul Gollan의 주장처럼, 비노조종업원대표제는 노동조합을 회피하거나 무력화하기 위해 경영자의 지배전략의 도구로 전락하는 경우도 많다.[75] 그러므로 경영자가 대안적 소통체계

---

* 임페리얼사는 노사갈등 과정에서 노동조합에서 공동협의체로, 다시 노동조합으로 전환되는 경험을 했다.

를 노동조합을 무력화시키거나 노동조합의 출현을 저지하기 위한 방편으로 인식한다면, 이는 바람직하지도 않고 늘 실패할 수밖에 없다. 이는 구성원의 요구에 부합하는 궁극적인 소통체제를 발전시킬 수 없기 때문이다. 더 중요한 것은 대안적 소통체제의 실패는 한 번으로 끝나지 않는다. 실패의 경험은 신뢰와 신의의 하락을 불러오고 불신이 팽배한 상태에서 또다시 같은 형태의 대안적 소통체계를 구축하는 것은 불가능에 가깝다. 대안적 소통체제는 더는 대안적이지 않을 뿐만 아니라 사용자의 기획된 통제체제로 인식되기 때문이다.

세련된 소통의 기초

개별적 소통의 시작, 경청

개별적 소통의 시작은 경청이다. 소통의 목표가 뜻이 통한 상태를 달성하는 것인 만큼 이를 위해서는 '잘 듣는 것'이 관건이다. 잘 듣는 방법 중 으뜸은 경청傾聽이다. 경청의 사전적 의미는 '주의를 기울여 열심히 듣는다'이다.

경청의 중요성을 부정할 사람은 아무도 없을 것이다. 그렇다면 실천의 문제만 남는다. 경청이 담고 있는 두 가지 측면을 살펴보자. 첫째, 경청은 동청動聽이다. 움직임을 뜻하는 동이 내포하는 의미는 다양하지만, 나는 적극적 듣기를 발견한다. 최근 관심을 끌고 있는 액티브 리스닝active listening이란 동청을 뜻한다. 적극적 듣기는 상대방의 뜻을 발견하기 위해 의욕적인 자세로 듣는 것이다. 내용을 파악하기 위해서는 분석적으로 들어야 하며, 상대의 언어적 표현과 비언어적 표현을 모두 포착해야 한다. 커뮤니케이션에 관한 연구들은 내용 전달에서 언어적 표현이 차지하는 비중을 20% 내외로 보고 있다.[*] 상대방의 표정, 몸짓 등 비언어적 요소가 소통의 80%를 차지한다. 나의 주관적 경험에 비춰보면 표정이나 몸짓, 억양이나 소리의 세기로 메시지의 성격을 판단할 수 있다. 상대방이 전달하고자 하는 메시지가 긍정적인가 부정적인가? 배려하고자 하는가 배척하고자 하는가? 관심을 갖고 있는가 사무적인가? 의지가 담겨 있는가 없는가? 언어의 이면에 있는 당사자의 진의를 파악하는 데는 언어적 내용만으로는 충분하지 않다. 경우에 따라서는 정반대로 해석되기도 하는데, '잘한다'와 '자-알 한다'는 억양과 장단에 따라 그 의미가 완전히 다르다.

비언어적 요소의 비중이 크다고 해서 전달하고자 하는 내용의 정확하지 않아도 된다는 건 아니다. 온전하게 상대의 뜻을 이해하려면 비언어적인 요소도 놓쳐서는 안 된다.

다만, 효과적인 동청을 위해서는 '세련되게 개입하기'의 훈련이 필요하다. 상대가 전달하고자 하는 의미가 정확히 이해되지 않는 경우에는 간단한 질문으로 확인하는 게 필요하다. 다만, 상대의 의지를 꺾거나 부정하는 느낌을 주는 지나친 개입은 금물이다.

둘째, 경청은 경청敬聽이다. 공경의 자세로 상대의 말을 듣는

---

[*] 연구마다 다르지만 대부분 15%~25%.

것이다. 동청이 적극적 듣기라면 경청은 공감적 듣기다. 공감적 듣기는 상대의 감정을 고려하면서 함께 이야기하듯 듣는 것이다. 다시 말해, 기술적 측면보다는 내용을 공감하고 이를 적극적으로 인정하는 듣기다. 남을 인정하는 것은 나와 다름을 긍정하는 것이다. 분명 동의와는 다르지만, 남을 인정할수록 동의할 수 있는 이해의 폭을 넓힐 수 있다. 이러듯 공감적 듣기가 수반되기 때문에 경청은 상대에게 늘 존중과 배려의 메시지를 전달하게 된다.

선택적 듣기의 오류

경청을 방해하는 요소 중 가장 흔한 것은 선택적 듣기다. 대다수 경영자들은 선택적 듣기의 덫에 빠져 있다. 선택적 듣기란 자신이 원하는 또는 이해하는 일부만을 받아들이고 상대가 전달하고자 하는 핵심을 놓치거나 의도적으로 부정하는 행위다. 즉, '나는 네가 원하는 것을 다 알고 있다', '네 문제를 해결하는 방법은 내가 더 잘 안다'는 식이다. 이러한 태도는 당장 소통이 진행되지 않는 것은 물론이며, (미래의) 소통의 가능성과 기회마저 단절시킬 수 있다.

선택적 듣기는 선택적 인식에서 비롯된다. 위니프레드 갤러거는 《몰입:생각의 재발견》이라는 저서에서 인간의 뇌는 일정한 사물에 대해 선택적으로 주목하며, 이러한 주목은 경험을 만들어내고, 이를 자아라는 형태로 기억에 저장시킨다고 한다.[76] 많은 사실과 정보가 있어도 모두 의미가 있는 것은 아니다. 선별적으로 주목하고 받아들인 사실과 정보만이 의미를 갖는다는 뜻이다. 윌리엄 제임스는 진화론에 근거해 우리의 정신은 그 자체가 부과한 것으로 형성되며, 근본적으로 중요한 것은 집중하기로 결정한 어떤 대상임을 강조한다.

"모두들 주목에 대해 알고 있다. 주목은 명확하고 다양한 형태로 마음을 점유하며, 동시적인 사건들, 연속적으로 이뤄지는 것처럼 보이는 사고들 중에서 선택된 것이다. 의식의 국부화와 집중이 핵심요소이다. 주목은 여러 대상들 중에서 가장 효과적으로 기능하는 대상을 끌어내는 것을 의미한다."[77]

기업의 구성원들이라면 경력의 정도에 따라 차이는 있으나, 대부분 자신만의 주목거리로 형성된, 사물을 바라보는 프레임을 갖는다. 따라서 많은 양의 정보가 주어진다 하더라도 이를 모두 의미 있는 것으로 받아들이기보다는 자신만의 경험에 의해 결정된 방식으로 선별해 받아들이는 선택적 인식과정을 거칠 가능성이 높다. 선택적 인식으로 경청이 불가능해지고, 결국 소통은 오해의 연속으로 전락하고 만다.

선택적 듣기는 토론과 같은 집합적 소통의 효율성을 저해한다. 토론은 직장 내 소통 중 가장 많은 비중을 차지한다. 공식 회의, 업무 지시, 전달, 문제해결형 세미나, 아이디어 회의 등이 그것이다. 그러나 토론은 참여자의 선택적 듣기로 인해 낭비적인 소통으로 전락하는 경우가 많다. 선택적 듣기는 주로 주제로부터의 이탈, 말꼬리 잡기, 관련 없는 한 단어에 집중해 자신이 알고 있는 이야기를 주제의 흐름과 상관없이 늘어놓기 등으로 이어진다. 결국 혼란스런 정보의 과잉, 주관적 판단의 난무 등으로 토론의 끝은 흐지부지되기 마련이다.

선택적 듣기의 극단은 무시다. 무시는 경청의 반대다. 경청이 상대에 대한 인정에서 출발한다면, 무시는 상대의 존재를 부정한다. 중간에 말 끊기, 결론을 강요하는 행위, 다 안다는 식의 태도 등이 그것이다. 협상에서는 기선제압의 방법으로 간혹 무시 전략을 동원하기도 하지만, 무시는 인간관계의 근본을 파괴할 만큼 무섭다. 《아트 스피치》의 저자 김미경은 선택적 듣기는 말하는 이도 듣는 이도 모두 외롭게 만든다고 한다.[78] 같이 있지만 외로움을 느끼는 것만큼 절망적인 상황도 없다. 무시는 그 절망의 골을 깊게 해 새로운 소통의 가능성마저 단절시킨다.

소통의 기초는 이해와 피드백

소통은 기법의 문제다. 어떤 기업이든 소통의 제도화에 소홀히 하는 곳은 없다. 그러나 소통은 제도로 완성되는 것이 아니다. 제도는 소통을 위한 공간을 만드는 첫걸음일 뿐이며, 그 제도 내에서 구성원들이 얼마나 마음 편히 소통하는가가 중요하다.

소통의 기초는 이해와 피드백이다. 이해란 분석적 이해와 맥락적 이해를 포함한다. 분석적 이해는 소통하고자 하는 사실이나 정보에 대해 정확히 파악하는 것이다. 분석적 이해는 추론적 이해나 비판적 이해, 창의적 이해와는 성격을 달리한다. 분석적 이해의 장점은 내용의 파악에 초점을 둔다는 것이다. 추론이나 비판, 나아가 창의적 이해를 위해서라도 분석적 이해는 인식의 기반을 만드는 데 매우 중요하다. 이를 위해서는 정보 전달자의 키워드를 파악해야 한다. 키워드는 전달하고자 하는 정보의 내용을 이루는 중추이기 때문이다.

분석적 이해와 함께 맥락적 이해도 중요하다. 맥락에 따라 의미나 강조점이 달라질 수 있기 때문이다. 특히, 소통하는 정보나 사실이 왜 중요한지에 대한 배경에 대한 이해는 그 정보의 내용과 의미를 파악하는 데 필수적이다. 따라서 내용의 이해는 분석적 이해를 통해 구체적 사실을 파악하고, 맥락적 이해를 통해 사실의 배후에 있는 의미를 이해했을 때 완성된다.

소통의 완성은 피드백이다. 피드백은 이해된 사실에 대한 반복적 확인 과정이다. 같은 내용을 반복해서 이야기하는 것은 소통하는 상대에게 불편함을 줄 수 있기 때문에 피드백은 불필요해 보이기도 하다. 그러나 소통에 피드백 과정이 생략된다면 오해나 불통을 불러온다. 잘못 이해된 것을 회복하는 데는 많은 시간과 비용이 든다. 그러므로 피드백은 때론 불편을 수반할 수 있지만 소통을 완성하는 데 필수적이다.

소통의 ABCDE를 정하면 이렇다. 문장론의 대가인 장하늘은 좋은 문장이 갖춰야 할 요소를 제시하고 있는데, 그 으뜸은 매력적이어야 한다는 것attractive, 둘째, 간결해야 한다는 것brief, 셋째, 정확해야 한다는 것 correct, 넷째, 의미가 있어야 한다는 것dignified, 마지막으로 쉽게 이해돼야 한다는 것easy이다.[79] 소통 역시 이 요소들을 갖춘다면 오해와 불통 없는 관계를 만들어나갈 수 있을 것이다. 멋스럽고 매력적인 소통, 간결하고 정확한 소통, 의미와 위엄을 갖춘 소통, 쉽게 이해되는 편안한 소통이야말로 소통의 정수라 할 수 있다.

영리하게 묻기

영리하게 묻기는 중요한 소통 기술 중 하나다. 과거 경영이 해답을 찾는 과정이라면, 현대 경영은 질문을 찾는 과정이다. 안철수는 "해답을 찾기란 그리 어렵지 않다. 지금은 좋은 질문을 찾아야 하는 시대"라고 말한다.[80] 어떤 질문을 하느냐에 따라 그 사람의, 그 기업의 경쟁력이 달려 있기 때문이다. 좋은 질문은 소통의 핵심을 이룰 뿐 아니라 구성원의 역량 강화, 기업의 경쟁력 강화로 이어지는 요소이기도 하다.

질문, 특히 영리한 질문은 얼마나 중요한가? 우선, 질문은 해답에 이르는 길을 스스로 고민하게 한다는 장점이 있다. 코칭이나 멘토링의 세계에서 격언처럼 회자되는 말은 '사람은 답하려고 하는 존재다'라는 명제다. 누군가 질문을 하면, 누구나 명시적이건 묵시적이건 반드시 답을 하려고 움직인다. 질문은 그 움직임의 자발성과 적극성을 확대하고 구체적인 솔루션에 이르는 길을 찾도록 유도함으로써 질문 자체를 넘는 효능을 이끌어낸다.

둘째, 스스로 고민하는 과정을 거쳐 도출된 해답은 깨달음과 같은 효과가 있다. 주어진 해답은 활력이 없다. 해답에 이르는 동안 다양한 대안을 스스로 탐색하고 검증하지 않기 때문이다. 주어진 해답은 지시나 명령으로 받아들여지기 때문에 구성원에게 소극적인 태도를 취하게 한다. 질문은 소극적 사고방식을 탈피하고 스스로 고민하여 깨달음과 같은 해답에 이르게 하는 적극적인 과정이다. 깨달음은 해답을 넘어 실현 가능한 미래 문제에 대해 응용하고 융합할 수 있는 해답의 보고寶庫가 되기도 한다.

셋째, 질문은 질문하는 자를 단련시킨다. 이른바 영리한 질문의 리더십 향상 효과다. 어떤 사물이나 현상의 본질을 꿰뚫지 못하는 한, 영리한 질문은 만들어지지 않는다. 단순한 사실을 확인하거나 자신의 무지를 채우려 하거나 구성원을 질책하려는 질문은 영리한 질문에 해당되지 않는다. 영리한 질문은 프로젝트의 개념을 환기시키고, 프로젝트의 발전 가능성을 새롭게 열며, 구성원을 자발적으로 움직이도록 유도하고, 서로 다른 이질적 혼합을 이끌어낼 수 있으며, 진심 어린 칭찬과 건설적 비판이 함께 들어 있는 것들을 말한다. 영리한 질문을 던지기 위해서는 충분히 고민하고 학습해야 한다. 리더를 단련시키는 데는 이보다 더 좋은 방법은 없을 것이다.

영리하게 질문하기, 의미 있는 질문을 던지는 방법은 무엇인가? 관리자는 질문 전문가가 돼야 한다고 강조하는 테리 파뎀Terry Fadem의 조언은 심사숙고해볼 만 하다. 첫째는 자료, 즉 내게 필요한 것이 무엇인가? 둘째는 내 설명이 구체적인가? 셋째는 시간, 왜 내가 이것을 지금 알아야 하는가? 넷째는 대상, 이 사람에게 물어보는 게 맞는가? 다섯째는 함축된 의미와 암시, 질문의 결과에는 어떤 것들이 될 수 있는가? 여섯째는 반응, 대답을 들었을 때 무엇을 해야 하는가? 일곱째는 방식, 어떻게 물어야 하는가 등이다.[81] 파뎀의 조언 속에는 영리한 질문을 하기 위해서는 질문하는 자가 오히려 더 많은 자료를 검토하고 학습해야 한다는 점이 담겨 있다.

질문은 단지 지시나 확인, 질책이나 비난을 위한 소극적 소통 수단이 아니라, 창의적이고 진전된 새로운 해답을 찾아가기 위한 문제해결형 소통 유형이다. 그러므로 질문의 질은 질문하는 자의 학습량에 달려 있다. 파뎀의 제안 중 함축된 의미와 암시는 질문이 새로운 가능성을 여는 데 필요한 핵심이다. 질문하는 자는 질문 속에 내포된 해법, 질문이 재생산할 수 있는 또 다른 질문, 그 과정을 통해 얻을 수 있는 의미와 암시를 끊임없이 고민해야 한다. 질문은 새로운 해답을 찾는 과정이자 더 나은 질문거리를 찾는 과정이기 때문이다. 질문을 위한 철저한 준비가 선행될 때, 그 질문은 의미가 있고, 영향력이 있으며, 현실에 부합한다. 이로써 조직과 구성원에게 새로운 해법을 제공하는 창의적 소통의 기반이 단단해질 것이다.

세대와 공유하는 소통

경영자의 고민 가운데 하나는 '다양성 관리'다. 그중에서도 주목할 만한 것은 세대의 다양성이다. 본래 '다양성 관리Diversity Management'는 1992년 토머스R. Thomas에 의해 비교적 이론의 틀을 갖추었지만 주로 인종, 성 등 불합리한 차별을 제거하는 차원에서 논의된 것이 전부다. 현대의 작업장에는 적어도 서너 개의 다른 세대들이 공존하고 있다. 세대란 일부 사회집단 구성원들이 특정 분위기를 공유하고 이를 바탕으로 결속된 행위양식을 보여주는 그룹으로 정의할 수 있다.[82] 예전에도 서로 다른 세대들이 작업장에서 공존했지만, 지금은 1990년대 이후 정보통신혁명 등 새로운 환경이 도래하면서 고유한 속성을 가진 이질적 세대가 증가했다. 예전의 세대와 이질적 세대는 서로 다른 독특한 사고방식과 가치를 보유하기 때문에 작업장 내에서 갈등을 일으킬 가능성이 충분하다. 그렇다면 조직 내 갈등을 불러올 수 있는 각 세대들 특징을 살펴보도록 하자.

우리나라 기업에는 산업화세대, 민주화세대, 신세대의 서로 다른 3세대가 공존하고 있다.* 산업화세대는 주로 한국전쟁 이전

---

* 이를 일반화하는 데는 논리적 무리가 따를 수 있겠지만, 이 3세대들이 독특한 특성과 경험을 공유한다는 점은 분명하다.

에 태어난 이들로 한국경제의 산업화를 몸소 체험한 그룹이라 할 수 있다. 이들은 경제발전의 주체라는 자부심을 갖고 있으며, 성실과 근면이라는 가치를 존중하고, 성공 신화를 일군 성공한 리더를 존경한다. 이들에게 일은 생활의 기반이며 성실하게 임해야 하는 무엇이다. 이들은 권위를 존중하며 개인적인 삶보다는 조직 우선주의적 행태에 익숙하다.

민주화세대는 흔히 386세대로 명명됐던 이들로, 한국전쟁 이후 1960년대에 걸쳐 태어난 한국의 베이비부머다. 1970년의 전태일, 1980년대의 서울의 봄, 1987년의 민주화 이행 등 사회변혁을 이끌었다. 민주주의에 대한 열망이 높고, 권위주의를 거부하는 경향이 강하며, 참여의 기회에 높은 가치를 부여한다. 따라서 어떤 일을 수행할 때 그 이유와 가치가 무엇인지, 절차와 과정은 민주적인지에 대해 민감하다. 민주주의에 대한 가치는 작업장에서 참여하고자 하는 열망으로 표출되기도 한다.

민주화 이후 세대는 여러 개념으로 정의되는데 X세대, N세대 등 다양한 특징을 강조하는 많은 이름들이 많다. 1990년대와 2001년에 진행된 연구는 신세대의 특징을 다음과 같이 제시한다.[83]

첫째, 신세대는 가치에 대한 관심이 높다. 구세대가 성취, 성공, 지위, 권력 등에 우선적으로 관심을 보인다면, 신세대는 성공보다는 성공의 이유나 의미에 더 큰 관심을 보인다. 성공했다 해도 그 성공이 개인적으로나 사회적으로 의미가 없다면 그 성공은 성공일망정 존경받는 성취는 아니다. 기업관도 이윤을 창출하는 경제집단이라는 편협한 관점에서 벗어나 윤리, 사회적 책임 같은 공동체적 기업관에 더 익숙하다.

둘째, 외형적 성공보다는 성공 이면의 가치에 관심을 둠에 따라 행동 방식도 가치중심적이다. 신세대는 자신이 옳다고 생각하는 방향에 대해서는 타인의 시선을 의식하지 않으며 때로는 내부 고발자whistle blower의 역할도 마다하지 않는다. 이는 외형 중심의 성공을 추구하는 이전 세대와 구분된다. 이전 세대들은 '모로 가도 서울만 가면 된다'는 방식을 쉽게 받아들이며, 성공의 이면에 대해서는 매우 관대하다.

셋째, 일에 대한 인식도 가치 중심이다. 일을 생계수단으로 보기보다는 삶의 한 측면으로 보는 경향이 강하다. 일을 통한 자아실현은 신세대에게 가장 중요한 일의 의미다. 따라서 자아실현의 장으로서의 작업장에 대한 요구가 강하며, 이를 위해 자신의 요구를 솔직하게 표출한다.

넷째, 자율성에 대한 기대와 선호가 매우 높다. 권위에 대해서는 가치를 두지 않으며 낡은 것으로 치부하는 경향을 보이기도 한다. 권위에 대한 도전 자체에 가치를 두기도 한다.

이들 세대들은 각기 보유한 특별한 경험으로 독특한 특성을 드러내지만, 비노조경영을 추구하는 조직에서는 이를 세대를 단위로 이해하기보다는 개별 구성원의 단위로 파악하여 조직 내 갈등의 불씨를 줄여나가야 한다. 따라서 작업장의 세대에 대한 연구

에서 얻을 수 있는 요소들을 세대의 단위가 아닌 개별 구성원의
속성으로 대체하고, 이를 토대로 구성원들에 대한 요구와 관심을
이해하는 노력을 기울여야 한다.

미국의 **4세대**와 **다양성 관리**의 중요성

미국의 경우에는 전통적 세대, 베이비부머, X세대, Y세대 등 4세대가 회사라는 공동체에 공존하고 있다. 각 세대는 독특한 경험으로 일정한 특성을 공유하는데, 이로써 일에 대한 관점이나 가치가 서로 다르다.[84] 전통적 세대는 1942년 이전에 태어난 사람들이다. 이들은 대공황과 전쟁을 경험한 세대로 1950년대 이후 자본주의 황금기를 열어가는 주역으로 성장했다. 이들은 일을 생계 유지를 위한 기본 수단으로 여긴다. 일은 의식주를 해결하고 기본적인 생계를 유지하는 데 없어서는 안 되는 가장 중요한 요소다. 따라서 이들에게 일은 권리이기보다는 의무이다. 일에 몰입하는 경향도 있다. 이들은 직업의 안정성을 추구하고 조직에 대해 높은 충성도를 보이며, 조직과 일이 인생에서 가장 중요하다고 여긴다.

베이비붐 세대는 자본주의 황금기의 수혜를 받은 이들이다(1943~1960). 이들은 타인으로부터 인정을 받기 위해 노력한다. 열심히 노력함으로써 자아가 실현된다는 믿음을 갖고 있기 때문이다. 따라서 일은 스스로 노력하여 타인으로부터 인정받을 수 있는 기회로 인식된다. 즉, 베이비부머들은 일을 통한 자아실현에 방점을 둔다. 이들은 안정된 직장을 선호하기보다는 도전적 '일'을 중시한다.[85]

X세대는 1961년에서 1981년에 태어난 사람들이다. 이들이 노동시장에서 활동했던 1980년대 후반부터 2000년대까지는 기억해야 할 수많은 사건들이 있다. 개인용 컴퓨터가 일상적인 필수품으로 자리 잡기 시작했고, 스포츠 스타나 연예인 같은 시대의 아이콘에 열광하기도 했다. 이혼율이 증가하는 시기였던 만큼 가정의 해체를 경험한 이도 많다. 2000년대 들어서는 미국 경영에 커다란 영향을 미친 두 사건이 발생했는데, 그 하나는 회계부정으로 인한 엔론사의 파산이고, 다른 하나는 9·11테러사건이다. 특히 엔론의 파산은 그동안 성실과 성취의 주체였던 기업가들이 사회적 범죄자로 낙인찍히는 계기가 됐다. 이로써 기업의 사회적 책임이 중요해지기 시작했다. 즉, X세대는 기업의 사회공헌, 사회적 책임투자, 지속가능성 같은 새로운 가치가 더욱 중요하게 대두된 시기를 경험한 세대다. 이들은 독립성이 강하고 개인용 컴퓨터와 같은 IT 기술에 민감하다. 학습속도가 빠르고 지역을 넘어 세계를 생각할 수 있을 만큼 열린 마음도 갖고 있다. 이들은 일을 독립적으로 수행하는 어떤 것으로 여기기 때문에 팀 플레이보다는 개인적인 성공을 추구한다.

Y세대(1982~2001)를 특징짓는 두 가지는 사커맘Soccer moms과 휴대폰이

다. 출산율이 지속적으로 하락하면서 '나홀로 세대'로 커온 이들은 부모의 전폭적 지지를 경험하며 성장했다. 미국의 사커맘은 우리나라 부모의 사교육 열풍에 비견될 만큼 대단하다. 소위 '하버드 프로젝트'를 완성하기 위해 하버드 대학의 입시요강을 면밀히 살피고, 학업성적은 물론이고 스포츠, 사회봉사활동, 리더로서의 활동 등 하버드가 요구하는 스펙을 자녀들이 갖추도록 하기 위해 한손에는 핸들을 다른 한손에는 휴대폰을 들고 동분서주한다.

Y세대를 설명하는 '헬리콥터 신드롬'은 Y세대의 또 다른 면을 보여준다. 헬리콥터 신드롬은 물가에 떠 있는 헬리콥터의 프로펠러가 수면에 진앙을 만들면 그 안에 있는 것은 결코 그곳을 벗어나지 못하는 현상에서 유래됐다. 즉, Y세대가 가족의 전폭적 지지와 투자로 뛰어난 개별적 역량을 갖고 있으면서도 혼자 해내는 능력이 부족함을 뜻한다. 개인컴퓨터와 이동통신의 접목으로 자신들의 세계가 네트워크로 확장되고 그 안에서 네트워킹의 주체인 네티즌으로 성장하기도 하지만, 역경에 도전하고자 하는 의지가 낮고 문제해결 능력이 떨어지는 경향이 있다. Y세대들의 일에 대한 인식은 사커맘이나 헬리콥터 신드롬에 의해 다른 세대와는 구별되는 특징을 갖는다. 일은 생계의 수단이라기보다는 즐기기 위한 어떤 것이며, 따라서 즐거운 일을 찾아 언제라도 떠날 수 있는 보헤미안이 되기도 한다. 하드워크hard work 보다는 스마트 워크smart work을 선호하며, 자신의 요구나 선호를 솔직하게 표현한다. 그러나 때때로 리더들로부터의 지도

나 통제를 원하기도 하며, 잘 훈련된 리더가 없을 경우에는 불안해하기도 한다. 문제해결을 위해 스스로 고민하기보다는 무언가의 권위에 의존하는 양태를 보이기도 한다.

기존 연구의 분류는 서로 중첩되고 있어 정확하다고 보기는 어려우나, 작업장에는 특정한 경험을 공유하는 세대가 존재하며, 이들의 일에 대한 가치나 접근, 소통방식이 모두 다르다는 점을 제시한다. 이는 성과를 내는 일, 작업장 내의 신뢰를 형성하는 일, 종업원들의 행복을 증진시키는 일 등이 구성원의 특성에 따라 달리 접근돼야 하며, 다양한 리더십을 발전시키지 못할 경우 실패 가능성이 높다는 점을 시사한다.

현장완결형 소통

직접소통에 기반한 고충처리시스템

선진기업의 공통적인 특성은 고충처리를 위한 소통공간을 잘 제도화하고 있다는 점이다. 마이크로소프트사에서는 개별면담을 통해 현장관리자가 직원들의 애로나 고충을 경청하고 상담한다. 특징은 현장관리자에게 실질적인 권한위임이 이뤄져 있다는 점이다. 예를 들어 작업 과정에 문제가 있거나 동료들 간의 협업이 잘 이뤄지지 않는다면 현장관리자와 면담을 하여 즉시 시정된다. 성과평가에 대해 이의가 있다면 현장관리자에게 직접 제기할 수 있다. 현장관리자는 이를 바탕으로 연봉이나 성과급을 조정한다. 이른바 현장완결형 고충처리다. 현장의 고충은 듣는 것으로 끝나는 게 아니라 문제해결로 완성된다. 문제해결을 위해서는 고충을 들어주는 현장관리자가 해결할 수 있는 권한까지 가지고 있어야 한다. 현장에서의 불만이 실시간으로 해소될 때, 구성원들은 고충처리시스템을 신뢰하게 되고, 미래의 고충도 이 시스템을 통해 해결될 것이라는 믿음을 갖게 된다. 개별적 차원에서 갈등관리를 제도화한 형태라 할 수 있다.

현장관리자와 직원의 상호의존성도 마이크로소프트사의 사례에서 주목해서 봐야 할 부분이다. 상호의존성을 결정하는 제도적 장치는 상호평가시스템이다. 현장관리자는 부하직원의 성과평가와 연봉조정권을 갖지만, 동시에 직원들로부터 리더십을 평가받는다. 조직관리 능력을 평가받는 셈이다. 직무성과가 아무리 높아도 조직관리 점수가 낮으면 현장관리자는 보직해임을 당할 만큼 조직관리역량은 커다란 비중을 차지한다. 현장관리자의 조직관리 역량평가는 온라인에서 다면평가 방식으로 이뤄지는데 주로 의사소통 능력, 부하직원 육성 및 경력관리, 조직의 파트너십 향상 능력, 개인과 조직의 합리적인 목표 조정, 고객의 평가, 회사가치의 실천 등이다. 관리자와 직원 간의 상호평가시스템은 질 높은 현장관리를 달성하는 핵심이다.

반노조주의를 표방하는 델컴퓨터나 월마트의 경우에는 직접관계 형성을 위한 고충처리시스템이 매우 잘 발달돼 있다. 이들은 노동조합의 진입을 억제하고 회피하는 데 목적을 두고 회사와 종업원 간의 직접관계direct relationship을 강조한다. 델 컴퓨터는 매년 2회 직원들에 대한 정서조사를 실시한다. 'Tell Dell'이라는 프로그램으로 총 33개 문항으로 구성돼 있다. 이는 직원들의 고충을 파악하고 개선함으로써 불만을 체계적으로 관리하고자 함이다. 관리자의 리더십을 평가하는 문항이 포함돼 있으며, 연속해서 90점 이하를 받은 현장관리자는 직위를 박탈당한다. Tell Dell 프로그램은 지역 및 해외에 근무하는 직원들과 소통하는 데 가장 중요한 역할을 한다. 특히 인종, 성, 국적, 생활양식뿐만 아니라 성적 선호도sexuality까지 고려해 공통 관심사별로 임직원들의 네크워킹 공동체를 지원한다. 비공식적인 멘토링, 이벤트를 실시해 소속감을 향상시키는 데도 큰 도움을 준다.

월마트의 24시간 핫라인은 대표적인 소통채널이다. 월마트 본사의 노사관계 담당직원들은 호출기를 갖고 있다. 24시간 열려 있는 호출기를 통해 하루 평균 15~20건의 고충이 접수된다. 이른바 '움직이는 핫라인'이다. 접수된 내용에 대해 그날 해가 저물기 전까지 회신하는 것이 원칙이다. 이른바 day-to-day룰이다. 직원이라면 누구든지 작업장에서 느끼는 불편사항을 핫라인을 통해 토로하며 즉각적으로 응답을 받을 수 있다.

월마트는 이와 함께 오픈도어 정책을 통해 개방적 소통문화를 형성하기 위해 노력하고 있다. 직원은 전화 또는 직접 대면을 통해 회사의 모든 관리자와 상담할 수 있다. 연 1회 임직원 사기조사grass roots도 실시하는데, 근무환경이나 불편사항에 대한 고충을 조사하는 제도적 장치로, 델컴퓨터의 정서조사와 비슷하다. 또한 전 임직원을 대상으로 정보를 공개하고 경영실적을 상시 게시하여 투명경영을 실천하고 있으며, 인트라넷을 통해 인사제도의 변경사항을 공지하는 등 월마트의 전 세계 직원들이 공유할 수 있도록 실시간 소통체제를 갖추고 있다.

이처럼 회사와 구성원 간 직접소통에 기반한 고충처리시스템은 노동조합에 대한 입장과 상관없이 미국 기업에서 보편적으로 나타나는 현상이다. 이는 노동조합의 진입을 회피하고 억제하고자 하는 목적에서부터 현장 직원들의 불만과 고충을 실시간으로 해소해 생산성 향상을 유인하고자 하는 목적까지 다양하다. 비노조경영이 추구하는 고충처리의 목표는 구성원의 일과 삶의 질 향상과 잘 맞물려야 한다. 고충처리에 대한 구체적 실천은 현장완결형이어야 한다. 그래야만이 구성원들이 시스템을 신뢰하게 된다. 이를 위해서는 현장관리자들에게 폭넓은 권한이 위임돼야 한다. 현장관리자 단위에서 해결할 수 있는 고충은 그 즉시 해소하고 사후에 보고하는 식의 실시간성도 갖춰야 한다. 그리고 현장관리자들이 역량을 함양할 수 있도록 충분한 투자가 선행돼야 한다. 구체적인 사안에 대한 접근법, 비폭력적 대화법, 이해심과 배려 등이 잘 훈련될 때 고충처리시스템은 큰 효과를 얻을 수 있다. 또한 고충처리시스템에 대한 신뢰와 기대를 높일 수 있는 다양한 제도적 장치도 마련해야 한다. 사안에 따라서는 현장에서 실시간으로 해소될 수 없는 고충이나 문제가 있기 마련이므로 고충처리 진행 과정을 관리하고 공개하는 시스템을 도입할 필요가 있다. 즉, 문제해결을 위해서는 무엇이 필요하며, 언제까지 해결할 수 있으며, 현재 어느 정도 진척되고 있는지에 대한 상세한 진행 과정을 구성원들에게 공개하는 것이다. 이때 고충관리시스템은 고충을 해결하는 장치를 넘어 현장 단위에서 관리자와 구성원 간의 믿을 수 있는 소통체계로 발전할 수 있다.

Chapter 7

비노조경영이 경계해야 할 3가지 위험

반노동조합주의

자본주의의 가장 자본주의다운 산물인 노동조합은 지난 200년
간 노동자의 삶의 질 향상이라는 가치를 추구해왔으며, 자본주
의에 내재된 위험을 제거하는 역할도 수행했으므로 노동조합의
가치를 부정해서는 안 된다. 그러므로 비노조경영은 반노동조합
주의를 경계해야 한다. 반노조주의의 덫에 빠지면 바람직한 대
안으로서 비노조경영의 정체성을 확보할 수 없다. 월마트나 델
컴퓨터는 비노조경영의 모델로 받아들여져 왔으나, 이는 반노조
경영에 불과하다. 월마트식의 노사관계는 사회적 정당성을 확보
할 수 없는 것은 물론, 비노조경영에 대한 편견을 심화시켜 올바
른 비노조경영의 발전을 저해한다.

월마트의 적대적인 노동조합관은 노동조합의 근원적 가치를

부정하는 명시적 사시社視나 마찬가지다. 월마트는 노동조합이 조직될 조짐이 보이면 전시 체제로 전환한다. 전쟁상황실이 설치되고 노동자의 일거수일투족을 감시하며, 경우에 따라서는 입점을 포기하기도 한다. 모든 종업원에 대해 스톡옵션을 지급하기도 하지만, 때로는 최저임금에도 못 미치는 임금을 고집해 거대 기업임에도 불구하고 '땀을 착취하는 자sweat shop'의 오명을 벗지 못한다. 월마트의 성공은 미국식 성공일 수 있지만 모델이 될 수는 없다.

월마트의 반노조경영

1962년 샘 월튼Samuel Walton은 미국의 작은 마을인 주아칸소의 로저스에 월마트 매장을 설립했다. 이후 월마트는 미국에 3,700여 개, 해외에 1,500여 개를 포함해 모두 5,000개가 넘는 매장을 보유한 세계 최대의 유통업체가 됐다. 월마트의 통계에 따르면 매장을 이용하는 전 세계의 고객이 일주일에 1억 3,800만 명에 이른다고 하니 인구의 15분의 1이 매주 월마트에 들러 장을 보는 셈이다.

"나는 월마트에 노동조합이 필요 없다고 언제나 강하게 믿어왔다."

창업자 샘 월튼의 노동조합관이다. 그의 노동조합에 대한 신념은 액자에 담겨 본사 곳곳에 게시돼 있다. 인사부서는 노동조합에 반대한다는 신념을 인사관리 운영의 중요한 지침으로 삼고 있다. '월마트에서 일어나는 일'Walmartfacts.com에는 노동조합에 대한 반대 입장을 분명히 하고 있으며, 임직원들도 이에 동참하고 있음을 명시하고 있다. 노동조합에 대한 이들의 입장은 종업원의 권리를 존중하고 표현의 자유를 보장하며 노동조합 자체를 반대하지는 않지만 '제3자의 개입'은 원하지 않는다는 것이다. 미국의 경우 노동조합은 업종이나 산업 단위로 조직되는 업종·산업별 노동조합체제가 일반적이다. 기업별 노동조합체제가 발달한 우리나라나 일본과 달리 미국의 노동조합은 기업의 외부에 존재한다. 그러므로 월마트가 표방하는 '노동조합은 반대하지 않으나 제3자의 개입은 원하지 않는다'는 모순이다. 기업의 경영에 개입할 수 있는 제3자는 노동조합과 지역사회(시민단체)뿐이기 때문이다.

월마트의 채용 관행에서도 반노동조합주의가 잘 드러난다. 채용은 매우 엄격한 스크린 과정이다. 과거 노동조합원이었거나 노동조합에 가입할 의사가 있다고 판단되는 인력은 철저하게 배제한다. 실제로 노동조합이 잘 발달한 캘리포니아 주 오클랜드에서 400명을 채용하기 위해 본사의 노사관계 전문가가 파견돼 지원자 1만 1,000명을 직접 면담하고 노동조합 가입성향을 면밀히 파악하기도 했다. 그러므로 종업원을 피고용인employees이 아닌 협력자associate로 존중한다는 월마트의 공언은 쉽사리 납득되지 않는다.

월마트가 미국에서 성공을 거두고 있으나 캐나다 일부 지역과 한국, 유럽에서는 좀처럼 자리를 잡지 못하는 이유도 여기에서 찾을 수 있다. 캐나다 일부 지역에서는 월마트의 입점을 지역의 노동조합과 시민단체, 주민들이 반대해 무산시켰다. 반면, 월마트는 입점을 결정하는 데 노동조합의 조직 가능성을 가장 염두에 둔다. 노동조합에 대한 우호적 분위기가 높은 지역은 신규 사업을 포기할 정도로 반감이 크다. 2004년 8월 캐나다 퀘벡 주의 종퀴에르 체인점 점포는 노동조합 조직을 이유로 폐쇄했다.

비노조경영의 성공은 경영자의 올바른 노동조합관에 달려 있다. 만일 노동조합관이 올바르게 서지 못하면, 비노조경영의 지향점에 집중하는 것이 아니라, 결과인 비노조 상태에 집중하게 된다. 비노조 상태에만 매몰될 경우 반노조주의에 포획될 가능성이 높아진다. 속으로는 노동조합의 가치를 부정하면서 겉으로는 노동조합을 부정한다 말할 수 없으니 이를 대강 포장할 수 있는 신조어로 '비노조'를 생각한다면, 이는 실패가 예정된 반노조경영일 뿐이다. 비노조경영의 궁극적 목표는 비노조 상태를 만드는 데 있는 것이 아니라, 구성원 전체의 일과 삶의 질을 한 경지 높이는 데 있음을 다시 한 번 상기한다면 반노조주의를 경계해야 하는 이유는 자명하다.

이기적 엘리트주의

비노조경영은 기업 단위의 '이기적 엘리트주의'에 빠질 위험이 있다. 자기 구성원들의 이익에만 매몰될 경우, 또 다른 형태의 집단이기주의로 발현돼 심각한 사회문제를 초래하고 만다. 이미 중대한 사회문제가 되고 있는 비정규노동자에 대한 차별과 남용은 비노조경영이 우선적으로 해결해야 할 문제다. 노동에 대한 정당한 대가를 보장함으로써 차별을 방지하고, 공동체의 안정을 위해 비정규노동에 대한 남용을 스스로 자제해야 한다.

중소기업과의 상생 문제도 대기업의 이기주의를 극복할 때 비로소 가능하다. 우리나라는 대기업과 중소기업 간 불균형이 심각하다. 대기업은 시장의 지위를 이용해 중소기업으로부터 부당한 이익을 취하는 것이 다반사다. 최근 사회문제가 되고 있는 사내하청 노동자 문제도 마찬가지다. 대부분의 기업들이 외주화externalization를 통해 직접 고용관계를 피하려 하는 이유는 노동조합으로부터 자유롭기 위함이다. 그러나 무리한 외주화는 편법적인 사내하청으로 이어졌고, 기업은 비용 절감과 노동력 활용 유연화를 모두 챙기는 탐욕의 덫에 빠졌다. 내 구성원들을 위해 남의 구성원들을 희생시키는 이러한 이기주의는 배타주의가 되고 만다. 비노조경영이 먼저 부당한 거래와 고용관행을 끊어냄으로써 바람직한 노동시장을 형성하는 데 기여해야 한다.

앞서 강조한 것처럼, 비노조경영은 공동체주의에 대한 명확한 비전과 실천 방안을 가져야 한다. 지속가능한 경영이 강조하는 '기업의 사회적 책임'은 독점의 과실을 독식하고자 하는 유혹을 뿌리치고 스스로 공정한 거래 질서를 지켜나가며 중소기업과 상생하는 것이다. 비노조경영은 기업의 구성원에만 매몰되는 엘리트주의(기업 구성원의 진정한 자부심과는 구별돼야 한다)를 극복해 불합리한 원-하청 관계를 끊어내고 지역사회와 국가공동체에 대한 사회적 책임을 다할 수 있는 '착한 경영'으로 거듭나야 한다.

불완전한 공정주의

불완전한 공정주의는 구성원에 대한 충분한 투자가 이뤄지지 않았을 때 비롯된다. 잠재역량을 이끌어낼 투자도 하지 않고 기회의 평등을 이야기하는 것은 무리다. 공헌할 수 있는 기회를 평등하게 배분하지 못할 때도 공정주의는 불완전하다. 구성원의 역량을 가장 잘 발휘할 수 있는 공간과 기회를 찾아 부여하고, 구성원이 의미 있는 성취를 할 수 있도록 지원하는 것이야말로 공정주의를 실천하는 리더의 모습이다. 모든 차이를 합리적 차이라고 주장하는 무지 또한 경계해야 한다. 불합리한 차별은 반드시 근절해야 하며, 이를 이룰 때만이 합리적 차이에 대한 동의가 확산됨은 말할 것도 없다. 불완전한 공정주의는 양극화를 일으켜 내부를 분열시킨다. 양극화는 비노조경영의 궁극적 지향점인 구성원의 일과 삶의 질을 향상시키는 것과는 매우 동떨어져 있다.

성과가 낮은 직원에 대한 경영의 태도는 공정주의를 판단하는 하나의 잣대다. 어느 기업이나 성과가 낮은 그룹은 존재하기 마련이다. 이들의 등장은 성과가 낮은 본인의 귀책사유에서부터 구조적 요인, 리더십의 실패 등 다양한 이유가 있다. 기업이 채용과정에서 필요한 역량을 분별해내고 문화적 적합성을 고려해 선발하지 못한 탓일 수 있다. 역량이 충분함에도 불구하고 구성원이 기업문화에 적응하지 못해 발생한 결과일 수도 있다. 또한 직무를 수행하는 데 필요한 역량을 충분히 함양시키지 못했기 때문일 수도 있고, 일의 개념과 방향을 제대로 제시하는 데 실패했기 때문일 수도 있다. 이 가운데서도 리더십의 실패가 가장 많은 비중을 차지한다.

성과가 낮은 직원에 대한 비노조경영의 올바른 태도는 리더십의 실패를 가장 먼저 인정하는 일이다. 비노조경영이 상정하는 인간은 잠재역량을 갖춘 자원이기 때문이다. 그 자원이 가치를 창출하지 못한다면 이는 경영자가 먼저 책임져야 한다. 채용, 훈련, 동기부여, 평가 등 경영자에게는 잠재역량을 현시역량으로 전환시킬 수 있는 수많은 기회가 있다. 사람은 알 수 없다는 푸념만큼이나 비겁한 변명도 없다. 지나치게 당연한 일반론으로 리더십의 실패를 너그럽게 넘어가서는 안 된다. 실패의 가능성을 최대한 줄이기 위해서라도 리더는 스스로 어떠한 실수를 저질렀는지 반성하고 이를 수정해야 한다. 이에 앞서 스스로 책임을 통감하고 인정하는 자세가 중요하다. 비노조경영이 요구하는 리더십은 무한한 책임을 먼저 수용하는 리더십이다. 성과가 낮은 직원에 대한 리더의 태도가 바르게 설 때, 퇴출과 같은 극단적 관리를 남발하지 않게 되고, 구성원의 역량을 효율적으로 활용해 더는 성과가 낮은 직원이 나오지 않게 하는 선행적 투자가 더욱 확대된다.

불완전한 공정주의는 지나치고 극단적인 성과주의를 불러온다. 지나친 성과주의는 조직의 피로도를 높이고 집단 지성이 작동할 공간을 협소하게 만든다. 성과주의는 비노조경영도 포기할 수 없는 핵심가치다. 그러나 성과주의는 단지 성과에 따른 보상만을 의미하지 않는다. 성과주의의 핵심은 성과를 창출할 수 있는 환경을 만드는 데 있다. 개별 구성원이 창의를 발현할 수 있도록 자율 공간을 부여하며, 성공에 대해 정당하고 충분한 보상을 제공해야 한다. 투자에 인색하면서도 역량 성과만 부르짖는다면 성과주의는 테일러식 통제전략으로 전락하고 만다.

극단적 성과주의로 인한 폐해는 이미 도요타에서 증명됐다. 창의는 자신다움을 실현하는 과정이다. 그러나 도요타의 카이젠은 성과에 매몰됨으로써 '피로한 또 다른 노동'으로 전락하고 말았다. 창의발현 과정이 추가 노동으로 인식되면, 창의는 물론 생산성도 기대할 수 없다. 지나친 성과주의는 구성원들의 경쟁을 쟁투의 장으로 만들고 만다. 파괴적 쟁투는 조직의 피로도를 높이고 협업을 제한해 집단지성이 발휘할 기회를 차단한다. 협업은 집단지성을 발현시키는 중요한 과정이며, 집단지성은 동료애를 이루어 생산성 향상이라는 기업이 지향하는 바를 이룰 수 있다. 그러므로 경영자는 비노조경영의 공정주의가 가질 수 있는 위험에 대해 늘 경계해야 한다.

부부젤라 판결과 비노조경영

부부젤라 판결

2010년 유행어 중 하나로 꼽힌 '부부젤라Vuvujela'는 코끼리 울음소리처럼 '부우~ 부우~'라는 소리를 낸다 하여 붙여진 이름이다. 이 나팔은 바파나스[*]를 응원할 때 사용된다. 남아공 서포터스는 코끼리 울음소리로 바파나스의 성공을 기원하고, 지친 바파나스를 다시 일으켜 세운다. 부부젤라는 상대팀에게는 무서운 무기다. 부부젤라로 낼 수 있는 소리는 최대 144dB이다. 파괴적 사운드를 자랑하는 록밴드의 소리가 110dB, 비행기 제트엔진 소음이 150dB임을 감안하면, 사람이 인내할 수 있는 수준을 넘을 정

---

[*] Bafanas, 남아프리카공화국 축구대표팀의 별명.

도다. 실제로 부부젤라는 상대팀의 집중력을 흩트리기 위해 사용
되기도 한다. 급기야 2009년 컨페더레이션스컵 대회를 앞두고
경기 상대국들은 부부젤라를 탄핵하기에 이르렀다. 부부젤라 판
결은 어떠했을까? 여기에 대한 답은 잠시 접어두고, 비노조경영
의 의미를 되짚어보자.

왜 하필 비노조경영인가?

두 가지 이유 때문이다. 그 하나는 노동조합 또는 노동조합주의
는 가까이하기엔 너무 불편한 것이 돼버렸기 때문이다. 기본권의
담지자를 불편한 것으로 치부하는 것은 정치하지 못한 나의 사고
의 한계 때문인지 모른다. 어쩌면 눈에 보이는 현상에만 매몰돼
아직 많이 남아 있는 가능성을 서둘러 포기한 탓일 수도 있다. 그
러나 노동조합운동의 위기는 이미 짧지 않은 역사를 갖고 있다.
세계노동운동의 역사를 살펴봐도, 산업사회의 산물인 노동조합
운동은 산업사회의 마감과 함께 그 활력을 다했는지 모른다. 역
사를 되돌려 1970년대를 회상하면, 자본주의가 축적구조의 한계
를 드러냈을 때, 자본과 노동의 대응 모습은 사뭇 달랐다. 자본은
자신의 구조를 변모시키며 또 다른 생존(그것이 신자유주의라는 편향
에 의존하는 것이긴 해도)에 성공한 반면, 노동조합은 탈태를 미루다
가 반등에 실패하고 말았다. 과거 영광의 역사를 줄곧 써왔던 노
동조합주의는 자본주의의 종從된, 자본주의의 잉여에 기초해서만
생존할 수 있었던 어떤 것은 아니었을까?

한국의 노동운동도 유사한 질곡에 빠져 있다. 우리나라 노동조합의 발현은 권위주의 정부에 의해 억제되고, 시민사회 미성숙에 의해 지연되다가, 1987년 중산층의 거사에 편승하면서 뒤늦게 이뤄졌다. 3저 호황의 잉여가 지속되던 시기를 지나고 1990년대 경기의 부침을 그럭저럭 넘어가면서 다른 나라의 노동조합이 보였던 것과 유사한 영광을 재현해냈다. 그러나 아시아 외환위기를 계기로 한국 자본주의가 축적구조의 한계를 드러내면서 노동조합도 한계를 드러내기 시작했다. 이후 새천년이 시작된 2000년대를 통과하면서도 노동조합이 보인 모습은 부족하기 짝이 없다. 1987년 체제를 자양분 삼아 사회적 세력으로 성장하는 데 성공했지만, 민주화의 수혜자로만 남으려 할 뿐 뒤늦게 편승한 자의 부채의식은 없다. 사회적 대의를 자신들의 이익과 바꿔치기 한 채 또 다른 이의 소외를 낳고 외면한다. 비정규노동의 실상을 재삼 고발하지 않아도 그 무게감은 여전히 육중한데, 나눠지려는 노동조합운동의 모습은 쉽게 찾기 힘들다. 억압의 오랜 과거가 만들어놓은 트라우마, 그 상흔을 기억하고 싶지 않기 때문일까? 비정규노동의 문제는 그들이 알아서 해야 한다는 사고의 합리화 때문일까? 그동안 잊고 있다가 갑자기 하려니 어색한 탓에 겸연쩍어져서일까?

노동조합의 무기력은 여기에 그치지 않는다. 내부 민주주의에 대한 고민은 10년째 제자리를 맴돌고 있으며, 쌍용차 투쟁의 아픈 경험이 전해주는 지역사회와의 결합이라는 과제는 공허한 외침으로 끝나기 일쑤다. 부채의식을 기억하자는 목소리는 일부 정파의 비현실적 편향으로 매도돼 묻히고 만다. 그러기를 몇 해 그리고 또 몇 해, 짧지 않은 시간이 그렇게 흘러가고 새 밀레니엄의 두 번째 10년을 맞이하고 있다.

자라나는 우리 아이들 세대가 책임져야 할 노동의 미래를 지금의 노동조합에게 맡길 수 있을까? 선뜻 동의하는 이가 많지 않을 게다. 지금의 노동조합에게서 희망을 발견할 수 없기 때문이다. 젊음을 고스란히 바친 한 활동가가 노동현장을 떠나면서 남긴 독백은 기회주의적 푸념으로 치부될 수 없다.

"운동판은 분명 힘들다. 그러나 힘든 것은 참을 수 있다. 언제 운동이 힘들지 않은 적이 있었던가? 그러나 그 고된 삶을 더 지탱하기 힘든 것은 희망이 보이지 않기 때문이다."

그 독백을 듣는 순간, 아직도 묵묵히 노동현장을 지키고 있는 또 다른 선배와 그 옆에 이름도 모르는 노동자들의 모습이 겹쳐진다. 그 겹치는 환상은 나 역시 갖고 있는 1980년대에 대한 부채의식 때문일 게다. 어쩌면 내가 알지 못하는, 그래서 서둘러 포기하는 가능성에 대한 기대 때문이기도 하다. 그러나 그 기대만으로 미래 세대의 노동을 지금의 노동조합에게 맡길 수만은 없는 노릇이다.

비노조경영을 고민하게 된 또 하나의 이유는 노동조합이라는 근대적 대의大義에 갇혀 또 다른 가능성의 창을 닫아서는 안 되기 때문이다. 나도 이념의 과잉시대를 살았다. 그래서인지 기업의 가치와 역량을 부지불식간에 폄하하고 있었음이 분명하다. 그 이념은 한때는 존재에 의미를 부여하는 유일한 빛이기도 했다. 근 200년을 거슬러 올라가야 만날 수 있는 로버트 오언Robert Owen의 기업을 비과학적인 공상주의로 매도한 것은, 깊은 고민 없이 당시의 무게에 압도돼버린 결과는 아닐까? 지금도 오언주의를 들먹이며 선善한 기업가를 찾아나서야 한다고 주장할 맘은 추호도 없다. 다만, 기업은 적어도 노동조합보다 더 많은 자원과 가능성을 갖고 있다는 사실, 그 자원을 구성원 모두의 행복을 증진시키는 데 투자하도록 설득할 수 있는 가능성, 그것이 노사상생을 위한 또 하나의 길일 수 있다는 직관, 이 모두를 고민할 필요도 없는 어떤 것으로 치부해서는 안 된다는 점을 상기해야 한다.

이제 모든 가능성을 열어두고 근원적인 회의를 시작할 때다. 그 회의는 그동안 도전해서는 안 될, 마치 금기처럼 돼 버린 명제들을 부정하는 것에서 시작된다. 노동조합 또는 노동조합주의는 유일하고 선한, 대체될 수 없는 노동자 이익대표체제인가? 산업민주주의의 유일한 담지자인가? 노동기본권의 유일한 통로인가? 노동조합을 폄하할 필요는 없다. 힘의 균형을 이루고, 힘의 균형에 의해 강제할 수 있으며, 그래서 더욱 실질적일 수 있는 실체로서의 노동조합의 장점까지 부정할 필요는 없다. 그러나 제대로 발현되지 않는 장점의 가능성이 존재의 유일성까지 담보하는 것은 아니다.

비노조경영은 그래서 고민된 주제다. 어쩌면 노동조합의 성공이나 좌절과 상관없이 고민됐어야 하는 주제인지도 모른다. 비노조경영을 표방하는 많은 기업들이 철학과 전략에 대한 고민 없이 반노조주의로 흐르는 현실에 대해 무언가 이야기해야 하기 때문이다. 무엇보다 또 다른 바람직한 대안을 찾아 선택의 폭을 확대할 필요가 있다. 비노조경영이 바람직한 선택지로서 위상을 획득하기 위해서는 그 개념과 철학, 실천이 새로워져야 한다. 시대정신과 부합하되 구성원의 행복을 만드는데 효과적으로 봉사할 수 있어야 한다. 이에 대한 설명이 이 책의 많은 지면을 지루하게 장식하고 있다. 새로운 철학과 전략이 불편하다 해서 입맛에 맞는 몇 개를 선택한다면 비노조경영은 결코 완성되지 않는다. 그만큼 비노조경영은 매우 까다로운 실천을 요구하고 있다.

이 시대는 기업에게 '종업원'을 '파트너'로 격상시킬 것을 요구하고 있다. 사용종속관계에 묶여 있는 '종업원'을 스스로 판단하고 행동하는 자립형 인재인 '파트너'로 다시 세울 때, 기업은 성과를 낼 수 있고, 그 기업의 구성원인 파트너는 자아를 실현한다. 성과달성과 자아실현의 선순환을 이루는 경영은 지속가능한 예술이 된다.

이를 위해서는 비노조경영의 내용이 더욱 풍부하게 발전해야 한다. 노동조합의 대척점에 비노조경영의 개념을 배치해서는 안 된다. 비노조경영은 노사 모두가 지향하는 바를 노동조합과는 '다른 방식'으로 구현하고자 하는 또 하나의 선택지일 뿐이다.

선택의 주체는, 늘 그래왔던 것처럼, 구성원이다. 그 구성원은 계급적 의미의 노동자일 수도 있고, 사용종속관계에 얽매여 있는 종업원일 수도 있다. 그러나 분명한 사실은 노동자이건 종업원이건 과거의 틀에 매여 있는 한 스스로 행복한 존재로 거듭나지 못한다는 사실이다. '행복'이란 가치는 그것이 기업경영이건, 국가경영이건, 자신만의 개인적인 삶이건 간에 가장 중요한 가치임이 분명하다. 아리스토텔레스는 행복을 인간이 가장 인간다울 수 있는 조건으로 보았고, 매슬로우는 그 행복을 추구할 수 있는 수단으로 자아실현을 꼽았다. 자신이 목적하는 바를 스스로 달성하므로 그것은 본질적으로 민주적이다. 자신의 목적을 스스로 정하므로 그것은 자유주의적이다. 그 과정에서 나를 확인하므로 나라는 주체를 찾게 한다.

비노조경영이 선택지가 되기 위해서는 바람직한 내용이 풍부해야 할 뿐만 아니라, 매우 매력적인 것이 돼야 한다. 바람직함은 비노조경영이 추구할 당위가 시대정신에 부합하는 선한 것이어야 함을 의미한다. 매력적이어야 한다는 점은 비노조경영이 내놓는 정책이 구매의욕을 불러일으키는 좋은 상품이 돼야 한다는 것이다.

다시 부부젤라 판결로

2009년 컨페더레이션스컵을 앞두고 벌어진 부부젤라 탄핵. 국제축국연맹FIFA은 상대선수, 취재진, 방송국 등이 제기한 부부젤라 사용금지 요청 앞에 숙고했다. 이듬해인 2010년에는 남아공에서 월드컵이 열리기로 예정돼 있던 상황이었기에 더욱 고민이 많았다. 그러나 제프 블라터 Joseph Blatter FIFA 회장은 남아공의 손을, 즉 부부젤라의 손을 들어줬다. "남아공을 유럽화해서는 안 된다. 월드컵은 남아공에서 열리며 부부젤라가 뿜어내는 소리도 아프리카 고유의 것"이라고 잘라 말했다.

혹자는 부부젤라 판결의 가치를 남아공이라는 약자를 위한 배려에서 찾을지도 모른다. 그러나 나는 이 판결에서 '다양성에 대한 지지'라는 가치를 본다. 다양성이 제한될 때, 삶은 고단해지고 피폐해진다. 다양성의 가치는 각각의 가치를 산술적으로 합한 것보다 크다.

지금 우리의 시대는 선택지를 늘리기를 요구한다. 그 선택지는 바람직한 어떤 것이어야 한다. 우리의 노사관계는 제한된 선택지 때문에 정체를 거듭하는지 모른다. 기존의 것들만을 늘어놓은 선택지, 경계선이 뚜렷한 사고 속에서는 어떤 새로움도 찾을 수 없다. 그리하여 노동조합을 한쪽에 내려놓고 보면 또 다른 어떤 것이 보일 것이라는 믿음에, 어쩌면 노사관계에서 '뜻밖의 것'처럼 보이는 비노조경영을 하나의 선택지로 내밀어본다.

부부젤라가 탄핵을 극복하고 하나의 문화로 선택된 것은 다양성의 가치 때문만은 아니다. 부부젤라가 존중받아야 할 남아공의 어떤 것으로 인정된 이유는 편협하지 않기 때문이다. 부부젤라는 남아공 최대 부족인 줄루족의 문화를 고스란히 담고 있는 고전적 문화재다. 그리고 플루트, 바이올린, 첼로 같은 악기와 아름다운 하모니를 연출하는 데 손색없는 훌륭한 현대적 오케스트라를 이루기도 한다. 남아공 월드컵은 부부젤라의 아름다운 소음과 함께 했지만, 각 나라의 국가가 연주될 때는 그들 스스로 나팔을 내려놓을 만큼 자율적이기도 했다. 한국에까지 상륙한 부부젤라는 K리그 챔피언결정전에 응원도구로 쓰이면서 축구의 재미를 더할 만큼 세계화되기도 했다.

이처럼 부부젤라는 자신의 고유성 외에도 현대와 교감하는 세련미, 때에 따라서는 내려놓은 배려, 다른 이들도 쉽게 받아들일 수 있는 친밀함이 담겨 있다. 국제축구연맹은 이러한 부부젤라의 균형미를 먼저 찾아냈는지도 모른다.

비노조경영도 그 자체의 고유성, 시대적 요구에 대한 부합성, 나 아닌 타인에 대한 배려, 더욱 확산될 수 있는 매력적 요소 등을 종합할 수 있어야 한다. 노사관계라는 좁은 틀을 넘어 인간과 공동체를 중심에 둔 자본주의를 만들어나가는 새로운 길도 보여주어야 한다. 그 길에는 주주를 넘어 공동체를 보듬는, 성장주의를 넘어 참된 성장 속에서 모두가 행복할 수 있는, 천박한 효율성을 넘어 따스한 여유와 성과를 통합하는 새로운 가치들이 제시돼야 한다. 비노조경영이 이러한 것을 모두 이룬다면, 시대와 사회로부터 존중받는 경영의 부부젤라가 될 것이다. 이 책의 행간에 남겨둔 인간, 공동체, 따스함, 행복 등의 가치가 잘 스며든 선택지로 거듭나야 하는 비노조경영은 완성까지 쉽지 않은 여정을 남겨놓고 있다. 이 점에서 이 책은 요구하는 게 많은 매우 불편한 글이기도 하다.

1. 앨빈 토플러, 김중웅 역,《부의 미래》, 청림출판, 2006.

2. 시드니 웹·베아트리스 웹 , 김금수 역,《영국노동조합운동사(상·하)》, 형성사, 1920.

3. J. Barney, 〈Corporate Culture as a Source of Sustained Competitive Advantage〉, Paper presented at the university of Illinois Center for Human Resource Management, November, Chicago, 1995.

4. Joseph A. Schumpeter, 《The Theory of Economic Development: An Inquiry into Profits, Capital, Credit, Interest, and the Business Cycle》, Harvard University Press, 1934.

5. Richard Freeman&James Medoff, 《What Do Unions Do?》, Basic Book, 1984.

6. 시오노 나나미, 한성례 역,《또 하나의 로마인 이야기》, 부엔리브로, 2007.

7. Robert D. Putnam, 《Bowling Alone》, Touchstone, 2000.

8. Fred Foulkes,《Personnel Policies in Large Non-Union Companies》, Prentice Hall, 1980.

9. David G Blanchflower&Alex Bryson, 〈What Effect Do Unions Have on Wages Now and Would Freeman and Medoff Be Surprised?〉, 《What Do Unions Do?:Twenty-year Perspective》(James T. Bennett and Bruce E.

Kaufman, ed), Transaction Publishers, 2008.

10. 신은종, 《Politics of Industrial Relations in Korea:Union Bargaining Power and Labor Control Strategies After Democratization》, Lambert Academic Publishing, 2010.

11. 조동훈, 〈패널자료를 이용한 노동조합의 임금효과 분석〉, 노동경제논집 31(2):103~128, 2008.

12. Richard B. Freeman, 〈Unionism and Dispersion of Wage〉, Industrial and Labor Relations Review 34:2~23, 1980.
Richard B. Freeman, 〈Union Wage Practices and Wage Dispersion wiithin Establishments〉, Industrial and Labor Relations Review 36:3~21, 1982.
Richard B. Freeman, 〈Longitudinal Analyses of the Effects of Trade Unions〉, Journal of Labor Economics 2:1~26, 1984.

13. George Johnson, 〈Economic Analysis of Trade Unionism〉, American Economic Review 65:23~28, 1975.

14. 5와 동일한 책.

15. 5와 동일한 책.

16. Jonathan S. Leonard, 〈Unions and Employment Growth〉, Industrial Relations 31:80~94, 1992.

17. Richard J. Long, 〈The Effect of Unionization on Employment Growth of Canadian Companies〉, 《Industrial and Labor Relations Review 46(4):691~703, 1993.

18. Scott Walsworth, 〈Unions and Employment Growth:The Canadian Experience〉, Industrial Relations, 49(1):142~156, 2009.

19. John Gordard, 〈Strikes as Collective Voice:A Behavioral Analysis of Strike Activity〉, Industrial and Labor Relations 46(1):161~175, 1992.

20. 10과 동일한 책.

21. 5와 동일한 책.

22. Ignaces Ng&Dennis Maki, 〈Trade Unions Influence on Human Resources Management Practices〉, Industrial Relations 33:121~135, 1994.

23. Kenneth McLennan, 〈A Management perspective on What do unions do?〉, 《What Do Unions Do?: Twenty-year Perspective》(James T. Bennett and Bruce E. Kaufman, ed), Transaction Publishers, 2006.

24. 이택면, 《슘페터》, 평민사, 2001.

25. William Lazonick, 〈The Integration of Theory and History: Methodology and Ideoloy in Schumpeter's Economics〉, 《Evolutionary and NeoSchumpeterian Approaches to Economics》 L. Magnusson eds) Kluwer Academic Publishers, 1994.

26. A. Mayhew, 〈Schumpeter on Monopoly and the Large Firm〉, 《Joseph Schumpeter:Critical Assessments》J. C. Wood, eds) Routledge, 1991.

27. 4와 동일한 책.

28. Joseph A. Schumpeter, 《Capitalism, Socialism, and Democracy》, Harper&Brothers, 1950.

29. 28과 동일한 책.

30. Lewis A. Coser, 《Masters of Sociological Thought:Ideas In Historical and Social Context》, New York: Harcourt Brace Jovanovich, 1978.

31. 30과 동일한 책.

32. 30과 동일한 책.

33. S. Terkel, 〈Interview from Working 〉, 《Alienation and Social Criticism》 (Richard Schmitt&Thomas E. Moody편), 1994.

34. 신은종 ,《쉘 위댄스? 노사관계 200년 역사기행》, 생능출판, 2007.

35. John R. Commons, 〈Review of Scientific Management and Labor〉, The American Journal of Sociology, 21(5):699~692, 1911.
John R. Commons, 〈Industrial Government〉, International Labour Review 1, 1921.

36. 이철승, 〈세계화시대 유교공동체의 의의와 문제〉 시대와 철학 18(3):137~178, 2007.

37. 정용환, 〈다원주의 사회에서의 인의 개념〉, 동양철학연구 제49 집:459~483, 2002.

38. 《논어》, 〈헌문〉

39. 36과 동일한 책.

40. 《맹자》, 〈양혜왕〉

41. 36과 동일한 책

42. 신영복, 《강의:나의 동양고전 독법》, 돌베게, 2004.

43. 안철수, 〈기업가 정신〉, 석세스티비 강연 CD, 2010.

44. 신은종, 〈An Empirical Approach to Union Threat Effects in Korea〉, The Journal of Industrial Relations 49(4): 591–597, 2007.

45. 짐 콜린스, 김명철 역, 《위대한 기업은 다 어디로 갔을까》, 김영사, 2010.

46. 45와 동일한 책.

47. 삼정KPMG, 《온가족이 행복한 일터 Great Work Places》, 글로연, 2010.

48. 노용진, 〈저성과자 관리를 위한 기업의 선택과 실행방안〉, 인재경영 7월 호, 인크루트, 2010.

49. 신은종, 〈고성과작업시스템의 고성과는 무엇에 의해 결정되는가?: 번들 효과와 핵심관행 탐색을 중심으로〉, 산업관계연구 19(4):43~69, 2009.
Jeffrey Pfeffer, 《Competitive Advantage Through People:Unleashing the Power of the Work Force》, Harvard Business School Press, 1994.
Jeffrey Pfeffer, 〈Producing Sustainable Competitive Advantage Through the Effective Management of People〉, Academy of Management Executive 9(1):55~69, 1995.

50. 신은종, 〈고성과작업시스템의 고성과는 무엇에 의해 결정되는가?:번들 효과와 핵심관행 탐색을 중심으로〉, 산업관계연구 19(4):43~69, 2009.

51. 버나드 지라드, 이영숙 역, 《구글은 일하는 방식이 다르다:현대경영의 새 로운 물결 구글 웨이 28》, 예문, 2010.

52. 서진영, 〈회사는 경영자의 그릇만큼 큰다〉, 동아비즈니스리뷰 61:130~131, 2010.

53. 52와 동일한 책.

54. 〈기술 꿈 공유로 억대연봉 미용사 키워내죠〉,《경향신문》(2010. 7. 19).

55. 스티븐 코비, 김경섭 역,《초일류로 가는 생각》, 김영사, 2003.

56. 이장희, 〈칸트와 순자:자율성 개념을 중심으로〉, 시대와 철학, 2000.

57. 51과 동일한 책.

58. 51과 동일한 책.

59. 크리스 아지리스, 현대경제연구원 역, 〈임파워먼트-벌거벗은 임금님에 대한 환상〉 로브 거피 등《인력관리》, 21세기북스, 1999.

60. 마셜 골드스미스, 〈힘을 실어줘야 강한 직원이 나온다〉, 동아 비즈니스리뷰:122, 2010.

61. 51과 동일한 책

62. 로버트 서튼, 오성호 역,《역발상의 법칙》, 황금가지, 2003.

63. 김성호,《일본전산 이야기》, 쌤앤파커스, 2010.

64. 63과 동일한 책.

65. Irving L. Janis,《Victims of Groupthink》, Houghton Mifflin Company, 1990.

66. 42와 동일한 책.

67. 이경원, 〈Let's Master TRIZ, 구글, 첫 화면엔 배너광고가 없다, 성공경영 비결은 모순해결〉,《한국경제신문》(2010. 7. 22).

68. 마이뉴스 제팬, JPNews 역,《도요타의 어둠: 2조 엔의 이익에 희생되는 사람들》, 창해, 2007.

69. 최인철,《나를 바꾸는 심리학의 지혜 프레임》, 21세기북스, 2007.

70. Paul J. Gollan,《Employee Representation in Non-Union Firms》, SAGE Publication, 2007.

71. 70과 동일한 책.

72. Richard Freeman&Joel Rogers,《What Workers Want》, Cornell University

Press, 1999.

73. S. Frenkel&M. Korczynski&L. Donaghue&K. Shire, 〈Re-constituting work:Trends towards Konwledge Work and Info-normative Control〉, Work, Employment and Society, 9(4) : 773~796, 1995.

74. T. Colling, 〈Managing without Unions:The Sources and Limitations of Individualism〉 in 《Industrial Relations:Theory and Practice》(P. Edwards ed), Blackwell, 2003.

75. 70과 동일한 책

76. 위니프레드 갤러거, 이한이 역, 《몰입:생각의 재발견》, 오늘의 책, 2009.

77. 윌리엄 제임스, 정양은 역, 《심리학의 원리》, 아카넷, 2003.

78. 김미경, 《김미경의 아트 스피치》, 21세기북스, 2010.

79. 장하늘, 《글 고치기 전략:좋은 글과 나쁜 글은 한 문장 차이다》, 다산초당, 2006.

80. 43와 동일한 책.

81. 테리 파뎀, 김재명 역, 《애스킹:성공하는 리더의 질문기술》, 쌤앤파커스, 2009.

82. 문화과학편집위원회, 〈대의 정치학과 한국현대사의 재해석〉, 문화과학 62:17~71, 2010.

83. D. T Hall&J Richter, 〈Career Gridlock:Baby Boomers Hit Wal〉, Academy of Management Executive, 4(3):7~22, 1990.
L. J. Bradford&C. Raines, 《Twentysomething》, MasterMedia, 1992.
R. J. Burke, 〈Generation X:Measures, Sex, and Age Difference〉 Psychological Reports, 74:555~562, 1994.
B. Tulgan, 《Managing Generation X》, Merritt Publishing, 1995.
박오수·김기태, 〈조직세대별 인사제도 선호경향에 대한 탐색적 연구〉, 인사관리연구 25(1):167~196, 2001.

84. 박형철, 〈신세대와 공감하기, 거리응원처럼〉, 동아비즈니스리뷰 61:38~43, 2010.

85. Shirley A. Davis, 〈21st Century Leadership for a 21st Century Workforce〉, presented paper at the SHRM Conference, June 27~30, San Diego, California, 2010.